표준국가의 길

추격을 넘어 표준이 되자

표준국가의 길

추격을 넘어 표준이 되자

양대웅 지음

리북

성공하는 나라, 실패하는 나라

역사적으로 우리는 쇄국보다는 개방으로 갔을 때 성장하고 앞으로 나아갔다. 개방과 포용, 관용이 단지 정치적 수사가 아니라 국가 전략의 기본이 되었을 때 더 강하고 선도적인 나라로 발전했던 것이다. 열린 마음과 열린 사고로 새로운 시대 변화에 조응했을 때 '선진의 꿈'도, '선도의 방향'도 이룰 수 있는 것이다.

높은 식견과 뛰어난 안목은 갇히고, 닫히고, 굳었을 때는 나올 수 없다. 열고, 받아들이고, 유연할 때 배울 수 있고 나타난다. 식민과 제국은 결국 시대를 읽고 어떻게 국가의 방향과 비전을 설정하고 행동하는가에 따라 달라진다. 우리 역사는 어떤 나라보다 잘 알고 있다. 가장 가난한 나라에서 시작해 이제는 명실상부하게 선진국 호칭을 부여받은 세계적으로 유일한 '개천용의 나라'이기 때문이다.

결국 문제는 정치다. 정치는 국가를 성공과 실패로 이끄는 두뇌와 같다. 평등한 기회, 공정한 경쟁, 정당한 보상과 같은 제도 아래 다수의 사람을 포용할 때 그 나라는 번영의 길을 걸었고, 그 반대의 길을 택한 나라는 실패했다.

제도의 차이가 부국과 빈국을 만든다. 스페인의 식민지 멕시코와 영국의 식민지 미국은 동일한 식민의 역사를 가지고 있지만, 독립 이후 지금은 전혀 다른 국가가 됐다. 우리가 두 나라를 통해 알 수 있는 건 국가의 권력이 소수에 의해 독점될 때 국민은 무기력해진다는 것이다. 소수의 특권층이 국민주권을 대체하는 나라는 번영의 길로 갈 수 없다. 정부가 국민을 위해 일하는 것이 아니라 특권층을 위해 일하는 것을 방치하면 국가는 국민의 국가가 아니라 소수에게만 이로운 특권층의 국가가 된다.

성공하는 나라는 국민이 민주주의를 통해, 선거를 통해 세상을 바꿀 수 있다는 기대를 저버리게 해서는 안 된다. 포용적 정치제도와 평등하고 균형 있는 권력 배분을 통해 국가의 자원을 평등하고 균형 있게 사용해야 한다. 소수를 위해 편향되게 국가의 권력을 사용하게 하는 제도를 방관해서는 안 된다.

경제정책 역시 기업가들이 충분한 능력을 발휘할 수 있는 공정한 경쟁의 장이 되도록 해야 한다. 발명과 창의성은

법 하나 만든다고 나오는 게 아니다. 공정한 시장과 국민주권 정부, 포용적인 정치제도를 통해 변화와 혁신이 촉진되고 리스크와 모험이 감수될 때 천재의 불꽃에 기름을 붓는 것처럼 국가 곳곳에서 창발된다. 독점과 독재, 특권과 불공정이 바탕이 되는 권위주의 정치제도는 성공하는 나라의 엔진이 될 수 없다. 국민주권이 아니라 소수의, 특권층의 정부는 자유민주주의를 파괴하고 창의적 기업들을 억누른다. 개방과 관용이 아닌 쇄국과 지배의 국가는 결국 식민의 길로 떨어진다. 식민은 우리의 미래가 될 수 없다.

많은 국민이 윤석열 정부에 대해서 우려하는 마음도 마찬가지다. 우리나라의 민주주의를 지휘하는 곳이 검찰과 법무부가 되어서는 안 된다. 대화하고 협치하는 포용적인 정치를 마다하고 검찰의 힘을 빌려 민주주의를 사법화하려는 정치를 선택해서는 안 된다.

지금 우리 정치 현실을 보면 두려운 마음이 앞선다. 정치가 국민을 진영간 적대적 대결로 몰아넣고 있다. 적대와 증오의 정치로 민주주의가 빛바래는 순간 모든 것이 무너지고 국가는 경쟁력을 잃을 수밖에 없다. 지금 많은 국민이 우려하는 것처럼 경제적 불평등과 계층 분열을 가속화해 국가의 경쟁력이 다시금 추락할 수도 있다. 두려워해야 한다. 지금이라도 새로운 선택을 해야 한다. 대통령과 여야 대표, 거대 양당은 지금이라도 다른 걸음을 걸어야 한다.

우리 현대사는 자본주의처럼 역설적이며 모순적이다. 구본형 작가의 말처럼 '가마솥의 나라'이기도 하고, '냄비의 나라'이기도 하다. 모순과 역설이라는 딜레마 속에 새로운 조화를 만들어냈다. 한쪽에서는 각자도생의 개인주의와 부족주의적 공동체주의로 경제를 이끌었고, 다른 한편에서는 포용적 개인주의와 개방적 공동체주의로 정치를 이끌었다. 한마디로 역설과 모순을 통한 동력이 우리 사회를 이만큼 성장시킨 것이다.

하지만 지금 우리는 어디로 가야 하는가? 산업화와 민주화 이후 우리만의 선진적 모델을 만들어야 할 우리나라는 어디를 향해야 하는가? 이제는 세계를 선도하고, 지구적 과제도 안아야 하는 표준국가 한국이라는 획기적인 건축물을 짓는 시대로 전진해야 한다. 그러려면 세계적인 한국적 해법이 무엇인지 찾아야 한다.

우리는 그동안 다른 선진국이 만든 보편화를 빠르게 추격해서 지금에 이르렀다. 선도국가가 아니라 추격국가였다. 하지만 이제 보편화를 향한 추격이 정점에 다다랐다. 더 이상 다른 선진국의 보편화가 우리의 추격 모델이 되지 못하는

'눈 떠보니 선진국'이 된 것이다.

괴테는 뛰어난 통찰력으로 "진보는 일직선으로 나아가는 상승이 아니라 전진과 퇴행, 진화와 해체의 리듬 속에 나선형으로 진행된다."고 말했다. 진보는 전진과 진화에 반응하는 퇴행과 해체를 맞닥뜨리는 역동적 추력으로 새로운 균형의 도약을 이뤄간다는 것이다. 괴테의 말처럼 지금 우리는 '곧은 추격'이 끝나고 '나선형의 선도'를 해야 할 시점에 와있다. 겉으로 보기에 우리 사회는 지금 퇴행과 해체의 길에 있는 듯 사방이 온통 흔들리고 퇴보의 길로 향하는 것처럼 보인다. 하지만 미국 심리학자 고든 올포트의 말처럼 절망하는 것은 역사의 오랜 교훈을 오독하는 것이다.

'불영과불행'不盈科不行, 물이 흐르다 구덩이를 만나면 그 구덩이를 다 채운 다음에야 앞으로 흘러간다는 의미로 《맹자》에 나오는 말이다. 선도국가로 가는 길에 지름길은 없다. 추격국가의 경험을 바탕으로 새로운 것을 채워나가야 한다. 성공하는 국가는 축적된 역량을 떠나서는 얻을 수 없기 때문이다.

우리는 이제 새로운 길에 들어섰다. 성공과 실패의 운명은 알 수 없다. 하지만 적어도 선택은 할 수 있다. 국제통화기금IMF 연구자들은 경제 발전이 높은 나라와 관련해서 세 가지를 언급했다. 바로 불평등, 성장, 재분배 사이의 관련성이다. 경제 문제는 결국 정치의 문제다. 그렇다면 결국 성공하는 나라와 실패하는 나라의 운명도 우리 정치가 어떻게 될 것인가에 달려 있다.

정치가 혁신의 핵심 동력이 되어야 한다. 분열과 증오의 정치로 경제 발전의 족쇄가 되어서는 안 된다. 적대적 정쟁으로 우리의 새로운 표준국가의 길 앞에 핵심 단층선을 만들어서는 안 된다.

이제 한국형 모델이 세계의 모델로 떠오르는 시대다. 어제의 한강의 기적을 넘어 오늘날 한류의 신화로 한국의 스타일K-style이 글로벌 스타일Global style인 시대를 살고 있다. 개방과 관용이 바탕이 되는 정치야말로 더 생산적인 지식과 기술, 인재를 낳고 모든 사람이 계층 상승을 할 수 있다는 원대한 약속을 만들 수 있다. 리처드 플로리다 교수는 경제적으로 가장 성공적인 도시와 지역은 '경제 발전의 3T', 즉 기술Technology, 인재Talent, 관용Tolerance 측면에서 탁월한 곳이었다고 주장했다. 그렇다. 3T의 탁월함을 촉진하고 도시와 지역을 연결하는데 성공하는 나라와 실패하는 나라의 차이도 제도에 달려 있다. 그리고 그 제도는 바로 정치가 만든다.

정치가 문제다. 지금 우리 정치는 눈앞의 이익에 눈이 멀어 국민이 바라는 정치를 하지 못하고 있다. 정치를 바르게 이끌지 못하면 성공하는 나라를 만들 수 없다. 국민을 중심에 두고 국가의 정치를 해야 한다. 식민의 관습을 벗고 제국의 혁신으로 갈아입는 국가 전략을 세워야 한다. 다른 나라가 배우고 싶은 나라, 누구나 살고 싶은 나라인 표준국가 만들기에 나서야 한다. 국민의 삶의 질을 높이고, 국민의 자부심을 드높이기 위해 대통령과 여야 정당 모두가 나서야 할 때다. 표준국가라는 포월의 목표를 두고 모두가 전환해야 할 때다.

이 책은 지난 20여 년간 정당과 국회 정치 현장에서 우리 국민 사회와 국가 정치를 바라보며 생각했던 바를 적었다. 식민의 나라가 아니라 '세계의 모범'이라는 제국의 나라를 만들고 싶다는 꿈이 담겨 있다. 표준국가야말로 우리나라의 미래임을 말하고 싶다.

1

김춘추에게 정치를 묻다

왜 김춘추인가?

"곤이부지困以不知, 곤경을 겪고도 깨닫지 못한다에서
곤이지지困而知之, 곤경을 겪고 깨닫는다로."

독일의 실존철학자 하이데거가 자신의 서재 벽에 걸어놓은 글귀다. 하이데거는 동양의 공자와 노장 사상에 대해 공부했다고 전해진다. 이 글귀는 공자가 《중용》에서 도를 깨우치는 것을 생이지지生而知之, 배워서 아는 것을 학이지지學而知之, 배워도 제대로 인식하지 못해 경험을 쌓고 난 후에야 비로소 알게 되는 것을 곤이지지困而知之라 했던 말에서 비롯되었다.

미중 갈등과 러시아의 우크라이나 침공, 북한의 핵 위협, 일본과의 대립 등 동아시아를 둘러싼 지정학적 격변의 상황에서 우리나라가 지금 무엇을 해야 하는지에 대한 모색을 하는 중에 이 글귀는 죽비처럼 다가왔다. 지난 역사를 되돌아보면서 다시금 묻는다. 곤경을 겪고 깨달을 것인가, 아니면 겪고도 깨닫지 못할 것인가. 요즘 이 글귀가 가슴을 파고드는 것은 어리석음을 깨닫지 못하고 있는 정치인들은 물론 현 정부 때문이 아닐까 싶다.

역사는 돌고 돈다. 과거의 일은 그저 유물처럼 남아 있는 것이 아니라 현대에도 되풀이된다. 형태는 다르더라도 본질에서 차이가 없는 일들이 종종 일어난다. 제2차 세계 대전 이후 미국과 소련을 축으로 자본주의 진영과 공산주의 진영이 대립했던 냉전 시대가 50여 년 동안 이어졌다. 그런데 최근 러시아-우크라이나 전쟁을 기점으로 이른바 '신냉전의 시대' 가 오는 조짐이 보이고 있다. 미소에서 미중이라는 대립 축의 변화와 철저히 자국의 이익에 의해 움직인다는 차이는 있지만, 초강대국 간의 갈등이란 본질 면에서는 크게 다르지 않다.

과거 냉전 시대 속에서 우리나라의 위치는 어땠는가? 이 두 축에서 중심이 되었거나 주도권을 가진 적이 있었을까? 전혀 아니다. 두 축의 틈바구니에서 희생양이 되었을 뿐이었다. 그렇다면 신냉전이라는 새로운 시대에서도 마찬가지여야 할까?

우리 역사에서도 대립적인 구도는 늘 존재했다. 법고창신 法古創新이라 했으니 그런 역사에서 현재 우리가 교훈으로 삼아야 할 점이 분명 있을 것이다. 바로 신라 시대 김춘추에게서 그 답을 구하고자 한다. 근접 국가들 간의 각축전이 치열했던, 누가 살아남을 것이고 누가 역사의 무대에서 사라질 것인가를 가름하는 외교전이 펼쳐졌던 삼국 시대! 최후의 승리자는 신라였고, 김춘추가 통일을 주도했다.

신라는 비록 약소국이었지만 김춘추는 약소국이라는 한계에 머물지 않고 독자적인 국가 비전을 가졌다. 새로운 신라를 만들기 위한 청사진이 있었고, 목표를 이루기 위한 기나긴 인내와 생사를 건 희생과 헌신이 있었다. 김춘추의 인내는 막연히 기다리는 게 아니라 앞을 내다보며 준비하는 시간이었다. 가시를 보고 장미가 필 걸 알고, 어둠을 보고 보름달이 뜨는 걸 아는 것처럼 혁신적인 신라를 만들어 삼한통일을 준비했다. 그의 인내는 단순히 왕좌를 꿈꾸는 야심에 멈춰있지 않았다. 새로운 시대, 남들이 생각할 수 없는 새로운 생각을 가졌기에 가능했다. 800년 분열을 종식할 삼한통일국가, '팍스신라'Pax Silla를 꿈꾸었기에 기다릴 수 있었다.

그는 알고 있었다. 오늘 저녁, 단추를 누르면 다음 날 아침에 낡은 신라가 사라지고 새로운 신라가 생겨나는 것이 아니라는 것을. 국가는 유기적으로 변화를 거듭하기에 개혁을 통해 낡은 것을 벗겨 내면 새로운 것이 생겨난다는 확신이 있었다. 신라를 위해, 백성을 위해 할 수 있는 일은 전쟁을 종식시키고 삼한을 통합한 새로운 신라를 만드는 일이었다.

"정치가에게는 결과의 도덕성이 요구된다. 정치가는 생각할 수 없는 것을 생각할 수 있어야만 한다."는 로버트 카플란의 말처럼 김춘추는 삼한통일이라는 결과의 도덕성을 위해 '생각할 수 없는 것을 생각하는' 정치가였다. 신라와 백성을 위해 약소국 신라가 감히 삼한통일을 생각한 것이다. 이 꿈은 동아시아 패권국가인 수나라, 당나라와 맞설 정도로 막강했던 고구려의 연개소문이 꾼 것이 아니었다. 해동증자라고 불리던 백제의 의자왕도 아니었다. 한반도 동쪽 구석에 있던 약소국 신라에서 김춘추가 '생각할 수 없는 새로운 생각'을 하고 결국은 실현했다.

왜 그 누구도 아닌 김춘추였을까?

김춘추는 현실주의자이자 사려 깊은 이상주의자였다. 실패한 뒤에 변명하는 정치가가 아니라 계획하고 준비하는 정치가였다. 국익에 필요하다면 스스로뿐만 아니라 가장 가까운 가족과 측근조차 희생시키는 행동가였다. 요행을 바라거나 안주하고 회피하기보다는 직접 실행하고 변화를 가져오는 혁신가였다.

김춘추는 비록 강대국의 틈바구니에서 식민의 관점을 요구받았지만, 그 시대의 리더가 가져야 할 제국의 관점을 갖고 있었다. 동아시아 정세를 읽는 정확한 눈, 노블레스 오블리주의 책임과 헌신, 그리고 삼한의 전쟁을 끝내고 평화로운 한반도 체제를 수립하겠다는 국가 비전은 남에게 빌려온 것이 아니었다. 당나라나 고구려, 백제의 현실이 아니라 자기 땅에 대한 치열한 현실을 사유하면서 나온 시대정신이었다. 그는 연개소문과 의자왕을 비롯한 고구려, 백제의 집권 세력은 '생각하지 못한 생각'으로 새로운 시대를 열었다. 지금 우리에게 국민들이 요구하는 것도 마찬가지다. 새로운 시대를 보는 눈, 김춘추의 '생각하지 못한 생각'이 간절히 필요한 시대이다.

최근 들어 한반도를 둘러싼 국내 및 국제 관계는 매우 복합적이다. 국내 상황은 윤석열 정부가 들어서고 2년이 지나 여전히 여야가 협치와 협력이라는 말보다는 극한 정쟁의 소용돌이에서 벗어나지 못하고 있다.

경제 상황도 어렵다. 미국의 금리 인상에 따른 국내 가계 부채 압박과 고환율, 고물가, 부동산 시장 침체와 천문학적으로 늘어난 가계부채, 글로벌 공급망 불안 및 원자재 가격 인상, 레고 사태로 불리는 금융 시장의 불안 등 경제 위기 상황이 높아지고 있다.

설상가상으로 많은 이들의 목숨을 잃게 한 이태원 참사와 오송 지하차도 참사에서 보여준 정부의 대응은 책임 회피와 무능한 대처로 공공 시스템에 대한 불신을 갖게 했다. 신뢰 붕괴는 사회적 인프라의 균열을 가져올 수 있다. 지금이라도 공공 시스템 전체에 대한 총체적인 진단과 평가를 통해 신뢰 복구를 위한 국가의 모든 역량을 동원해야 한다. 국민의 생명과 안전 보장은 국가의 가장 중요한 일이다.

실망스러운 모습은 이뿐만이 아니다. 2023 새만금 세계 스카우트 잼버리 같은 세계적인 행사가 파행에 이르기까지 윤석열 정부의 책임 역시 작지 않다. 더구나 홍범도 장군 흉상 철거로 윤석열 정부의 독립운동사 갈라치기는 국민들의 실망감을 배가시켰다. 후쿠시마 오염수 방류 문제에 있어서는 과연 윤석열 정부가 우리 국민을 위한 정부인지 의심하게 했다. 국민들의 입장에서 보면 국가 수장의 행보에 위기감을 느낄 만하다. 또 어떤 실수로 국민들에게 실망과 불안감을 안

겨줄 것인지 말이다.

윤석열 정부는 최근 아세안 회의와 G20 정상회담에 참석해 한미, 한미일, 한중회담을 통해 한국판 인도·태평양 외교 전략을 발표하며 다각적인 외교적 노력을 기울였다. 한미일의 '프롬펜 공동성명' 및 한미, 한중, 한일 정상회담은 북핵 위협을 견제하고 한미동맹 강화와 한미일 공동대응, 중국과 일본과의 전략적 관계 개선 등 우리에게 닥친 경제와 안보 위기를 외교적 해법으로 대처하는 모습을 보이고 있다. 하지만 대외 관계에서 우리 국익에 도움이 되고 있는지는 아직 판단이 이르다. 러시아의 푸틴 대통령이 한국의 우크라이나 지원을 언급, 한러 관계의 파탄을 경고하는 모습에서 과연 우리 정부가 잘 대응하고 있는지 우려하는 목소리도 높다.

윤석열 정부는 한일 정상회담이나 한미 정상회담에서 실질적으로 얻은 게 없는 외교로 무능함을 드러냈다. 급변하는 세계 질서에서 모든 국가는 자국의 이익을 추구한다. 그러기 위해 치열하게 외교에 임하는 것이 아니겠는가. 윤석열 정부는 한미일 협력 관계라는 허울 좋은 형태에만 매달렸을 뿐 일본에게 역사 문제를 양보하고, 미국에는 전통적인 아시아·태평양 전략을 인도·태평양 전략으로 전환하여 낡은 동북아 질서인 전쟁과 평화라는 낡은 미래를 꺼내들었다.

"외교는 현란한 입이 아니라 정확한 눈으로 하는 것"이라는 격언이 있다. 약육강식의 국제 관계에서 제대로 된 외교 대응을 위해서는 수사학보다 우리가 처해 있는 국내외적 상황을 제대로 파악하고 냉철하게 판단하는 정확한 눈이 중요하다는 말이다. 강대국들의 지정학적인 이해관계 때문에 식민과 전쟁이라는 뼈아픈 고통을 겪은 우리에게는 동북아 질서가 안정이 아닌 대립과 갈등으로 치달을 때, 정확한 눈은 국익을 위한 생명줄과도 같다.

세계는 미중 패권 경쟁을 어떻게 바라봐야 할지 고민에 빠져 있다. 두 나라의 움직임에 시시각각 관심을 기울이고 있다. 두 강대국의 현재와 미래가 자신들의 국익과 밀접하기 때문이다.

투키디데스의 저서 《펠로폰네소스 전쟁사》에 의하면 기존 맹주인 스파르타가 새롭게 부상한 아테네에 대해 불안감을 느끼게 되면서, 결국 지중해의 주도권을 잡기 위해 전쟁을 벌이게 되었다고 한다. 이런 상황이 현대에도 나타나게 되는데, 신흥 강국이 부상하면 기존의 강대국이 이를 견제하는 과정에서 전쟁이 발생한다는 의미에서 '투키디데스의 함정' Thucydides Trap이라고 부른다. 하버드대 그레이엄 앨리슨 교수는 미중 갈등 관계를 투키디데스의 함정이라는 비유로 설명했다. 미국과 중국의 '예정된 전쟁'을 예측하는 시각부터 해양 세력과 대륙 세력의 패권 경쟁이라는 지정학적 접근, 미중 자본 간의 경제적 충돌과 대립이라는 지경학적 관점, 미중 패권 경쟁의 실상은 미중 카르텔의 적대적 공존이라는 주장까지 다양한 분석이 논의되고 있다.

세계 각 나라는 자신들의 국익에 도움이 되는 국제 질서의 변화와 재편을 위해 사활을 걸고 있다. 우리 경우에도 "미중 간 군사적인 충돌 가능성은 생각보다 높고 그 시발점은 한반도나 대만 등 제3지역이 될 수 있다."는 앨리슨 교수의 우려처럼 낡은 구도로 외교 안보의 틀을 짜서는 안 된다.

지금 우리에게 필요한 것은 아시아의 미래를 새롭게 보는 지혜이다. 전쟁과 평화라는 낡은 동북아 구도가 아니라 협력을 어떻게 더 넓히고 확장할 것인가에 대한 정치 외교의 지혜가 필요한 시점이다. 우리나라가 해야 하는 역할은 협력을 통해 더욱 더 교집합을 넓히고 키우는 방향으로 나아가는 것이다. 공동의 협력과 교집합을 넓히는 지혜의 외교가 우리 외교 안보 전략의 핵심이 되어야 한다.

과연 김춘추라면 어떤 생각을 가지고 현실을 타개해 나갔을까? 우리는 김춘추처럼 할 수 있을까?

지정학을 전략으로

한반도는 예로부터 지정학적 위치로 인해 강대국 간 패권 경쟁의 희생양 또는 강대국과 직접적인 패권 경쟁에 내몰리곤 했다. 멀게는 고조선 당시 한나라와의 전쟁이 있었고, 가까운 조선 시대에는 요동 정벌을 꿈꾸는 일본의 침략이 있었다. 근대에 들어서도 열강들이 눈독을 들였을 뿐만 아니라 중국과 일본의 전쟁터가 되기도 했다. 그리고 마침내는 중국·소련·일본과 인접한 한국의 지정학적 가치를 놓고 미국과 소련에 의해 분단이 되기까지 했다.

한반도의 분단으로 우리나라는 냉전 시대에 지정학적으로 공산주의의 확산을 막는 방파제 역할을 하게 되었다. 최근에도 여전히 동북아시아 지정학적 경쟁의 중심지로 부상하고 있다. 여기에는 미중 전략 경쟁과 북한의 핵 개발이 큰 비중을 차지하고 있다. 지정학은 지리적인 위치나 형태가 국가 이익이나 국가 간 관계에서 중요한 요소로 작용한다는 전제에서 출발한다. 그런데 그런 지정학의 주도권을 우리가 쥐고 있어야 국가의 이익을 위해 역할하게 된다.

과연 우리는 지정학적 주도권을 쥐고 주변국들의 갈등을 국익으로 이어지도록 하는 역할을 하고 있는가?

그런 의미에서 미중 패권 경쟁을 보며 우리의 국익이 어디에 있느냐를 고려하는 것이 가장 중요하다. 미중 갈등에는 우리가 접근하거나 이해할 수 없는 이해관계가 있다. 그러나 중요한 것은 그들의 이익이 곧 우리의 이익은 아니라는 점이다. 그들의 이익이 우리의 고통이 되고, 그들의 성공이 우리의 실패가 되었던 역사가 있다. 국제 정치는 자유무역과 민주주의, 법치, 인권 등 다양한 이해관계를 바탕으로 협력과 연대를 이뤄왔지만, 다른 한편으론 자국의 이익을 중심으로 냉정하고 현실주의적으로 움직였다.

핵심은 세상을 보는 관점이다. 어떻게 보느냐에 따라 대격변의 시기에 성공과 몰락을 가져올 수 있다. 지정학적 위치를 자국의 이익으로 돌리려면 정세의 흐름을 잘 파악하고 우리의 강점을 잘 활용해야 한다.

김춘추는 과연 신라의 지정학적 위치를 어떻게 활용했을까? 역사적으로 보면 신라는 사실 삼국 중 가장 약체였다. 한반도의 남동쪽 끝에 있었음에도 가까이에 있는 일본과 밀접한 관계를 맺지 못했다. 이미 백제가 일본과의 외교 관계를 선점했기 때문이다. 중국과는 거리가 멀어 외교적으로 취약했고, 인접한 백제와 고구려의 공격에 겨우 버티고 있다가 6세기경 법흥왕에 이르러서야 나라의 제도를 갖추기 시작했다. 이후 진흥왕, 진지왕, 진평왕을 거치면서 백제와 고구려를 상대할 실력을 갖추었다.

이웃 나라들에 비해 불리한 지정학적 위치임에도 김춘추는 신라의 힘을 키우는 데 외교적으로 공을 들였다. 물론 국내에서 내실을 다지기도 했지만, 그보다 큰 그림을 그렸다. 신라의 힘을 키우는 일이 곧 그의 입지를 다지는 결과이기도 했다.

미중 패권 경쟁으로 격변의 시기를 맞고 있는 지금의 동아시아의 지정학적 상황과 닮은 신라는 약소국이었지만 동북아에 불어오는 패권 경쟁의 위기를 피하거나 모른 체 하지 않았다. 이는 세상의 움직임을 읽을 줄 아는 김춘추가 있었기 때문에 가능했다.

김춘추는 지정학적 전략가였고 외교가였으며, 혁신적인 정치가였다. 시대를 보는 안목이 높았고 책임감이 강한 행동가였다. 경주 귀족들의 폐쇄적인 기득권에 맞서 유교와 당나라의 선진 제도를 과감하게 도입해 포용과 개방이 신라의 정신이 되게 했다. 김춘추가 살았던 당시의 일본, 중국 측 기록에 의하면 김춘추는 공통적으로 호감 가는 외모와 화술을 구사한 것으로 기록되어 있다. 그가 얼마나 외교에 열정적이었는지 유추해 볼 수 있다.

김춘추가 태어난 6세기 한반도는 삼한 전쟁이 어느 때보다 치열했다. 숱한 전투에서 사람들은 목숨을 잃거나 약탈을 당했고, 포로로 끌려가 노비가 되어야 했다. 지옥과 같은 일상은 굶주림과 공포로 이어졌고, 죽음의 칼날 위에서 평생을 살았다. 핏빛이 지배하던 죽음의 시대였다. 김춘추가 이룩한 팍스 신라 이전 삼한 시대가 그랬다.

중원 대륙에도 격변과 변동이 시작됐다. 위진남북조라는 분열의 시대를 끝내고 통일국가인 수나라가 세워졌다. 하지만 고구려와의 전쟁과 내분으로 수나라는 오래지 않아 망하고, 당나라가 새롭게 중원을 통일하고 동아시아의 패권국가로 등장했다. 당 태종 이세민은 동아시아의 새로운 국제 질서와 지정학적 변화를 요구했다. 동아시아에서 전쟁이 시작된 것이다. 한반도는 역사적으로 중원이나 북방에 패권국가가 등장하거나 '동북아판 투키디데스 함정'처럼 중원과 북방을 지배하던 나라의 패권 경쟁이 시작되면 갈등과 위기, 전쟁이 뒤따라왔다.

지정학을 활용하기 위해서는 자국과 주변국의 상황에 대해 이해하고 꿰뚫어 보는 안목이 있어야한다. 김춘추는 주변국들을 직접 찾아가 보기도 하고 고초를 겪으면서도 신라의 이익이 어디에 있는지 살폈다. 각국의 세력 관계를 읽어내고는 신라에 도움이 되는 쪽으로 움직였다. 처음에는 모두 신라를 무시했다. 비약적인 성장을 했다지만 백제나 고구려에 밀린다는 인식이 저변에 깔려 있었다.

김춘추에 대한 평가는 후세에 더 혹독했다. 능수능란한 외교술과 임기응변을 통해 고립무원이었던 신라를 일으켜 삼한통일의 발판을 짠 명군이라는 긍정적인 평가가 있는가 하면 어째서 당이라는 외세의 손을 잡아 패강 이북의 땅을 넘겼느냐는 부정적인 평가도 만만치 않다. 물론 김춘추도 처음부터 당과 손을 잡으려고 했던 것은 아니었다. 백제와의 전투에서 자식과 백성을 잃은 그는 고구려에 먼저 연대를 제안했다. 하지만 연대를 외면한 쪽은 고구려였다.

사실 당시만 해도 나라 간의 연대는 모두가 고려하는 문제였고, 치열한 각축이 있었다. 백제는 신라보다 앞서 중국 왕조에 사신을 보내 먼저 고구려를 치면 백제가 협공에 나서겠다고 요청했다. 또한, 백제가 지식인을 대가로 왜군을 빌려 고구려와 신라를 공격했던 사실도 광개토대왕릉비에 기록되어 있다. 고구려 역시 자기들의 영향력 아래에 있던 이민족들을 백제나 신라와의 전쟁에서 활약하도록 했다.

이렇듯 자신들의 국가 이익이 우선이라는 것을 뼈저리게 확인한 김춘추는 철저히 신라를 위한 외교에 돌입했다. 각국의 상황을 파악한 그는 처음엔 연대를 거부했던 당이 고구려와의 전쟁에서 패배하자 신라의 존재를 무척이나 유의미하게 여기게 되었음을 알았다. 김춘추는 그런 수를 읽었고 신라가 삼국을 통일하는 데 발판으로 삼았다.

미국의 외교 거물 중 한 명인 즈비그뉴 브레진스키 전 백악관 국가안보보좌관은 "전 세계에서 지정학적으로 가장 불리한 위치에 있는 나라가 한국과 폴란드"라고 했다. 그렇다면 윤석열 정부의 한미동맹과 한일 관계 복원을 강조하는 외교정책으로 이러한 불리한 지정학을 극복할 수 있을까. 김춘추가 그랬던 것처럼 외교 관계에서는 무조건 자국의 이익을 우선으로 해야 한다는 것을 생각하고 있을까?

한반도를 둘러싼 국제 질서와 세계정세는 급변하고 있다. 미중 격돌 심화로 동아시아 질서가 요동치고 있어 더욱 그렇다. 무엇보다 우리는 분단국으로 북핵이라는 안보 이슈로 한미동맹과 주한미군에 의존한 상태이기는 하다. 한미동맹을 핵심 축으로 하더라도 한쪽으로만 기울어져서는 일방적으로 끌려가기 쉽다. 그러므로 한일 관계도 강화하고, 한중, 한러 관계 역시 관리하지 않으면 안 된다. 세계정세는 물론 국제 질서를 읽어가며 유연하게 대처해야 한다. 미국이 우리의 동맹국인 것은 맞지만 중국 역시 지정학적 관점에서 전략적 파트너의 관계를 유지해야 한다.

　　다른 나라의 예를 통해 우리의 외교를 비춰보는 것은 어떨까. 최근 유출된 미국 국방부 기밀문서에 따르면 인도, 브라질, 파키스탄 등 주요 신흥국들이 미국과 중국의 전략적 경쟁이나 우크라이나 전쟁을 두고 중립적·독자적 노선을 강화하고 있다는 것이 드러났다. 카네기국제평화연구소의 마티아스 스펙터의 말을 빌리자면 "10년 뒤 누가 선두에 설지 불확실한 상황에서 이 국가들은 위험을 분산하고 손실을 방지하려는 것"이라는 데 그 이유가 있다.

　　즉 신흥국들은 진영 논리가 아닌 철저히 자국의 이익을 챙기려고 한다는 점을 주목해야 한다. 중앙아시아 국가들 역시 러시아에 대한 의존도를 낮추기 위해 미국이나 중국 어느 한 나라에만 의존하는 것이 아니라 미중의 경쟁을 이용해 자국에 이익이 되는 쪽으로 눈을 돌린다는 것이다. 러시아의 우크라이나 침공을 지지하지는 않지만, 에너지, 경제적 측면 등에서 러시아와 관계를 유지할 수밖에 없는 입장을 취하고 있다.

지정학적인 이점 여부와 상관없이 자국의 이익에 충실한 나라들과 달리 지정학적 단점을 이점으로도 활용할 수 있는 위치에 있으면서도 그 이점을 누리지 못한다면 어리석고 부끄러운 외교가 아닐까. 우리 역시 실리를 추구하는 외교정책이 요구된다.

무릇 지정학이란 그런 것이다. 우리의 안목과 관점으로 봐야 한다. 우리의 이익으로 주변 강대국을 바라봐야 한다. 자기 안목과 관점이 없으면 폐쇄적이 되기 쉬우며 그 결과 움츠러들고 위축된다. 당당하지 못하고 목소리만 시끄럽고, 편협해진다. 사방을 온통 적대적으로 대하고 의심하고 배척한다. 새로운 변화를 기회로 삼지 못한다.

뒤에서 언급하겠지만 식민의 관점은 그래서 늘 제국의 변방이 되고 새로운 기준이 되는 표준을 만들지 못한다. 생산과 축적이 아니라 소비되고 고갈된다. 갈등의 중재가 아니라 갈등의 표적이 된다. 제국의 관점은 국익의 목표가 명확하다. 주체적이고 개방적인 태도로 관용과 포용을 끌어낸다. 목소리를 높이는 데 관심이 있는 게 아니라 인내를 가지고 실익을 얻는 데 집중한다. 실용과 합리가 이념과 극단보다 국익과 국민의 이익에 가까움을 안다. 강대국 사이에서 '트라이앵귤레이션'삼각화을 통해 갈등과 위기를 벗어난다. 외교의 이익을 아는 것이다.

그는 왜 삼한통일을 설계했을까?

미국 대통령 시어도어 루스벨트는 "전쟁이 없다면 위대한 장군을 얻을 수 없고, 중대한 사건이 없다면 위대한 정치가를 얻지 못한다. 링컨이 평화로운 시대를 살았더라면 지금 그의 이름을 기억하는 사람은 한 명도 없을 것이다."라고 말했다.

주요 고비마다 낮고 어리석은 안목을 지닌 사람들은 무능과 유약함으로 곤경의 의미를 읽지 못한다. 낮은 안목과 오만하고 편견에 가득 찬 얕은 통찰력으로 곤경의 늪을 태평 시대로 착각한다. 역경과 씨름하며 불굴의 정신을 기르는 리더십이 아니라 분열과 파국을 불러오는 리더십으로 시대를 식민과 전쟁 그리고 분열의 시대로 만들어 참담하고 고통스러운 패배의 역사를 만든다.

삼국의 세 사람이 같은 출발점에 서 있다고 한다면 물적 조건은 김춘추가 가장 약했다고 볼 수 있다. 의자왕은 최고의 신분인 군주였고, 연개소문은 무소불위의 권력을 가지고 있었다. 김춘추는 성골의 지위를 박탈당한 애매한 진골의 신분으로 두 인물에 비하면 크게 두각을 드러낸 인물이 아니었다. 연개소문과 의자왕은 김춘추와 똑같이 격동의 시대를 맞닥 뜨렸지만, 당나라 등장의 결과로 야기될 위험을 제대로 파악 하지 못했다. 그 시대의 쟁점이었던 동북아시아의 새로운 국 제 질서를 재편하고 새롭게 구축하는 능력과 집중력이 없었 다. 그들은 신라가 만든 새로운 삼한통일의 시대정신을 보지 못한, 눈이 어두운 리더였다. 김춘추만이 세상을 보는 안목을 갖추고 있었다.

그렇다면 김춘추는 어떻게 삼한통일이라는 높은 안목과 시대정신을 갖게 되었을까?

김춘추는 진흥왕이 증조부이고, 진지왕이 할아버지이다. 뿌리 깊은 계급 사회인 신라에서 성골의 혈통을 이어받았지 만, 진지왕의 실정으로 그의 집안은 진골로 내려앉는 족강族 降을 당했다. 김춘추의 어머니는 진평왕의 딸인 천명부인이 지만 성골 지상주의 신라에서 그는 방계 왕손 그 이상이 아 니었다. 역경이 없이 성장한 리더가 있겠는가. 김춘추에게도 당연히 고난과 시련, 역경의 시간이 존재했다. 백제와의 전투 에서 자식을 잃었고, 외교 정치를 하겠다고 나섰지만 번번이 실패를 맛봐야했고, 심지어 고구려에서는 억류되기도 했다.

그럼에도 불구하고 그가 삼한통일의 주춧돌을 마련할 수 있었던 것은 그만의 특별한 리더십이 있었기 때문이다. 정치 인이었던 김춘추는 개인의 야심으로만 신라를 바라보지 않 았다. 아마도 그랬다면 고구려의 연개소문이나 백제의 의자

왕에 비해 큰 차별성이 없었을 것이다. 그는 신라를 삼한통일
이라는 큰 그림 속에서 새롭게 그려냈다. 혁신가인 김춘추는
신라의 낡은 제도를 개혁하겠다는 의지가 강했다. 누구보다
골품제도의 피해를 입은 그였기에 특권 의식을 과감히 버리
고 비주류인 가야계 가문과 혼인을 맺었다. 당시 신라 사회에
서 귀족이 아닌 김유신, 강수, 원효를 중용하는 등 신분과 혈
통보다 능력 위주의 인사를 했다.

　김춘추는 대가야를 타산지석으로 삼았다. 신라와 동시대
에 존재했던 대가야는 금관가야의 뒤를 이어 두각을 드러냈
다. 백제가 약한 틈을 타 후방을 공격해 섬진강 및 금강 상류
지역을 차지하며 가야의 맹주로 등극했다. 대가야는 국제 무
대에서 위세를 떨치게 되자 외교에만 치중하게 되었고, 내실
을 굳건히 다지지 못한 탓에 백제와 신라의 공세에 그 영광
이 오래 가지 못했다. 대가야의 몰락을 눈앞에서 지켜본 김춘
추는 신중하게 내실을 쌓아가기 시작했다.

　김춘추는 647년 비담의 난을 평정하고 김유신과 함께 정
치적 실권을 장악했다. 국정을 총괄하면서 진덕여왕 사후 귀
족 회의의 추대로 왕위에 올랐다. 연개소문과 달리 합법적 절
차를 거쳐 최고 권력을 획득한 것이다. 중앙집권체제를 향해
도약하던 역사적 상황을 활용해 당의 육전조직에 준하는 정
치제도를 갖추고, 유교 사상을 받아들여 새로운 시대정신을
마련하려고 노력했다.

　그는 신라에 필요한 부분이라면 과감하게 개방적인 태도

를 보였다. 새로운 변화가 불어올 때는 거부하기보다 받아들이되 자기 것으로 만들면 된다고 생각했다. 김춘추는 개방과 혁신의 대명사였다. 누구나 살고 싶은 나라인 통일신라를 만들기 위해 그는 새로운 변화를 적극적으로 받아들이고 포용과 개방을 바탕으로 한 혁신의 정신을 구축해 나갔다.

연개소문과 김춘추는 동시대 인물이었지만 상이한 역사의 시간 속에서 살았고, 정치적 입지도 달랐다. 김춘추가 유리한 역사의 시간과 정치적 상황을 활용해 합법적으로 권력을 획득하고 제도 개혁에 주력한 반면, 연개소문은 자신의 한계를 이겨내지 못하고 국가 권력의 사유화라는 유혹에 빠져들고 말았다. 이러한 차이는 궁극적으로 대외정책에도 영향을 미쳤다.

김춘추는 처음부터 나라에 대한 그림이 두 나라의 리더들과 달랐다. 신라를 강한 나라로 만들겠다는 의지뿐만 아니라 삼국을 통일하겠다는 원대한 꿈을 갖고 있었다. 일본은 호시탐탐 기회를 노리고 있고, 중원은 수당교체기에 당나라가 점점 힘을 키워가고 있었기에 개별 나라들로 대응하기보다 하나의 큰 힘으로 대응하겠다는 치밀한 국가 전략이었다.

삼한통일이라는 근간을 세웠기에 당나라나 왜나라와 외교적 관계에서 당당하게 행동할 수 있었다. 그는 나라의 규모가 한반도의 판도를 결정한다고 생각하지 않았다. 가장 작고 힘없는 나라였지만 결국 삼국을 통일한 나라는 신라가 되었다. 삼한통일이라는 원대한 꿈은 세 나라 모두에게 기회가 있었다. 하지만 한반도라는 지리와 새로운 운명을 만든 나라는 신라였다.

신라의 삼한통일이 고구려의 북방 영토를 축소시켰다는 비판도 있지만 우리가 물어야 할 것은 오히려 두 나라가 실패한 이유다. 그들은 새로운 변화를 거부하고 혁신과 개방보다 오히려 기득권 질서를 강화하는 폐쇄적인 태도를 취했다. 대외 관계에서도 연대보다 전쟁을 택했고, 동북아의 새로운 질서와 국제정세를 보는 안목이 낮았다. 그러한 원인들이 동북아 질서의 변화와 새로운 한반도라는 높은 국가 비전을 볼 수 없게 만들었다.

하지만 김춘추는 달랐다. 그가 가진 비전은 신라라는 작은 나라에 갇혀 있지 않았다. 더 높고, 더 크고, 더 새롭게 보았다. 높은 안목과 깊은 시야로 새로운 동북아 질서를 꿰뚫어 보았다. 삼국을 하나로 바라보는 국가 비전을 통해서 다른 나라들의 세력 판도와 동북아의 새로운 질서를 만드는 강한 나라가 될 수 있다는 것을 알고 있었다.

경제학자 알프레드 마샬은 "경제학자는 뜨거운 가슴과 차가운 머리를 가져야 한다."고 했다. 유토피아에 대해 연구하되 언제나 그 가능성에 대한 치밀한 분석이 선행되어야 한다는 것이다. 김춘추는 삼한 통합의 백성들이 잘살고 행복한 이상향을 꿈꾸되, 그러한 이상향을 이루기 위한 현실적 제약 조건을 누구보다도 냉철하게 고민한 지도자였다. 그리고 둘이 충돌할 때 이상보다는 주어진 현실을 선택하는 현명한 경세가였다.

우리에게 필요한 것은 시대를 보는 깊은 통찰과 높은 안목이다. 김춘추의 신라는 백제를 정복하고 고구려와 군사적 대결을 벌이면서 내부적으로는 당나라와도 싸워야 했다. 당나라는 신라와 군사안보동맹이었지만 당나라의 속내는 고구려 멸망 후 신라까지 포함하는 한반도의 병합이었다. 660년 백제 멸망 이후 676년까지 16년 동안 신라와 당나라의 갈등은 계속됐다. 만약 나당 전쟁에서 신라가 패배했다면 한반도의 역사는 지워졌을 것이다.

당나라가 생각한 삼한통일은 한반도를 역사의 무대에서 지우는 것이었다. 통일 전쟁에서 국력의 대부분을 소진한 신라는 패권국가인 당나라를 상대로 이길 가능성이 없는 전쟁을 치러야 했다. 여기서 김춘추의 통찰과 안목이 돋보이는 건 당나라와의 전쟁에서 이길 가능성이 없는데도 불구하고 승리했다는 점이다.

물론 1,300여 년 전과 지금의 국제정세는 다르다. 여전히 무시할 수는 없지만, 중국의 패권체제가 이전처럼 강력하게 동북아시아에서 작동하지 않는다. 한반도 문제도 마찬가지다. 북한 역시 중국과 혈맹이라며 손을 잡고는 있지만, 과거 내부 친중파나 친소파와 권력 투쟁을 치른 북한의 체제 특성상 불신 또한 강하다. 여기에 더해 미국, 일본, 러시아까지 참여하는 동북아시아 역내 관계는 겹겹으로 쌓인 풀기 힘든 고도의 방정식과 같다. 미국과 중국의 패권 경쟁, 중국과 일본의 역내 세력 갈등, 북중러와 한미일의 갈등, 미일과 중국과의 지경학적 협력과 지정학적 대립 등 인도·태평양 지역을 두고 벌이는 동아시아 경제·안보 관계의 함수는 삼한 시대의 국제 관계보다 한층 복합적이다.

그렇기 때문에 지금 우리에게 필요한 것은 '식민의 관점'이 아니라 '제국의 관점'이다. 다시 김춘추를 꺼내든 이유다. 지금 시기에 다시 삼한통일이라는 화두를 던지는 것은 새로운 질서의 등장에 나라를 이끄는 리더십의 안목과 태도가 매우 중요하기 때문이다.

도리스 컨스 굿윈은 자신의 저서 《혼돈의 시대 리더의 탄생》에서 "리더가 역경을 당할 수 있지만 그것을 대응하는 자세가 중요하다."고 말한다. 삼한통일은 바로 김춘추라는 인물을 통해 어떤 역경에도 야망을 유지하는 능력, 리더에게 필요한 회복탄력성이라는 리더십의 중요성을 가르쳐준다. 회복탄력성은 리더십을 개발하는 데 가장 중요한 요소라 할 수 있다. 요컨대 역경에 대응하는 자세, 어떻게든 온전히 마음을 다잡는 태도, 리더십의 성장을 방해하는 상황에 맞서 결국에는 굳건한 리더십을 다져가는 능력이 좌절 자체보다 중요하니 말이다.

미중 패권 경쟁은 두 나라만의 문제가 아니다. '동북아시아의 투키디데스 함정'은 항상 전쟁의 위기를 불러왔다. 위기를 기회로 삼는 지도자가 있었고 기회조차 위기로 만든 사람들이 있었다. 거친 바다를 항해하는 선장이 지도가 아니라 아집으로 키를 잡으면 위험하다. 선장은 주술사가 아니라 비저너리이다. 바다의 조류와 바람의 방향을 읽고 배를 앞으로 이끄는 사람이다. 강대국의 패권 경쟁에서 지도자는 '전략적 모호함'이라는 외교적 지혜가 필요하다. 마차 바퀴 앞에 맞서는 파국의 사마귀가 아니라 끈질기게 바퀴를 피하며 인내하는 지혜가 필요하다.

'팍스 신라'에서 '팍스 코리아'로

김춘추는 힘든 고난과 역경을 끌어안고 백성과 함께 팍스 신라라는 새로운 시대를 열었다. 자신과 가족, 주위 사람들의 희생과 불행을 마다하지 않았다. 추위가 뼛속을 파고드는 겨울을 맞으며 험난한 땅을 넘었다. 고구려와 왜나라, 당나라를 오가며 생사를 넘나들었다. 그 고통과 목숨을 건 행동이 800여 년간 이어진 각축전을 끝내고 한반도에 평화를 선사했다.

일단 김춘추를 통해 신라를 바라보자. 김춘추는 어떻게 신라를 한반도의 중심으로 만들 수 있었을까? 그리고 백제와 고구려는 어째서 가장 약한 나라인 신라에게 패배했을까? 종합하는 의미로 김춘추의 생각을 따라 가보면 답이 나오리라.

"적의 형세를 이용하여 승리하여도 병사들은 어떻게 이겼는지 알지 못하고, 장교들이라 하더라도 개략적으로 아군이 승리한 것은 알지만, 내가 어떻게 그 승리의 형세를 만들었는지 알지 못하게 해야 한다. 그러므로 한 번 사용한 승리의 방법은 되풀이해서는 안 된다. 적의 형태에 따라 무궁한 상황의 변화에 끊임없

이 자신의 모습을 변화시켜야 한다."因形而錯勝於衆, 衆不能知, 人皆知
我所以勝之形, 而莫知吾所以制勝之形 故其戰勝不復, 而應形於無窮

《손자병법》'허실' 편에 나오는 내용이다. 정세는 끊임없
이 변화하는데, 같은 방법만 되풀이해서 대처한다면 이길 수
없다는 말이다. 세상의 변화를 따라잡지 못한다면 명분이 있
더라도 승리를 가져올 수 없다. 세상은 끊임없이 변하고 있
는데 수명이 다한 이념이나 정치 행태로 새로운 정치를 만들
수 있다는 오만과 어리석음은 위험하다. 국민과 같이 가는 것
이 아니라 내부의 정쟁에만 집중할 때 민심은 다른 방향으로
가기 때문이다. 그런 점에서 김춘추는 의자왕이나 연개소문
과 달랐다. 김춘추는 세상이 변화하고 있음을 알았고 그에 맞
는 적절한 대응 방법으로 신라를 한반도의 중심으로 만들었
다.

역사를 비추어 보면 신라의 조건은 열악했다. 김춘추가
방계 왕손으로 잠재적인 왕위 계승자이기는 했지만, 결코 당
연한 수순은 아니었다. 스스로 사선을 넘나들며 쟁취해야 했
다. 연개소문은 고구려의 권력을 장악하려다 민심을 단속하
지 못하고 실패했다. 귀족들도 자기편으로 만들지 못했고, 그
렇다고 혁신적인 정책을 내놓은 것도 아니었다. 오로지 강한
리더십으로 권력을 잡으려다 보니 국가적 비전을 실행하기
는커녕 자신의 사후 고구려를 지킬 수 있는 힘조차 유지하지
못했다. 그에 비해 김춘추는 내부적으로 실권을 장악했고, 국

정을 총괄하다 귀족들의 추대로 왕위에 올랐다.

고구려는 김춘추가 내민 손을 잡았어야 했다. 고구려는 동맹을 요청한 신라를 적대적으로 여겼고, 당과의 관계를 개선하려 했다. 당은 오히려 고구려를 치는 것이 이익이라 여겨 연개소문의 찬탈을 명분 삼아 고구려 원정에 나선 것이다. 처음에는 고구려가 승리했지만 결국 나당 연합의 공세를 버티지 못한 고구려는 역사의 뒤안길로 물러났다. 세상의 흐름, 정세를 잘 읽었던 김춘추의 승리였다. 그리고 그는 끝까지 당을 주시하고 있었는데, 세계 질서에서 영원한 연합은 없다고 여겼기 때문이다. 김춘추와 그 세력들이 예상했던 것처럼 당은 신라를 넘봤고, 신라는 왜와의 관계를 개선하고, 군사력을 강화시켜 나당 전쟁에서 승리할 수 있었다.

김춘추는 서생의 문제의식만 가진 것이 아니라 무를 아는 정치가였다. 무武는 '창戈을 멈춘다止.'는 의미다. 무는 방패와 창을 거두고 싸움을 그치게 하는 것이다. 난폭한 자를 다스리고, 나라를 지키는 공을 세우는 것이다. 전쟁을 끝내고 삼한을 통합해 물자를 풍부하게 하는 것이다. 김춘추의 승리는 무의 승리였다. 그는 진정한 의미에서 무인武人이었다. 지옥과 같았던 백성들의 삶을 끝내고 800여 년의 전쟁을 끝내고 평화를 가져 왔던 팍스 신라는 삼한을 통합하고 백성을 편안히 하는 정치가 있었기에 가능했다.

김춘추가 뛰어난 리더라는 점은 그의 사후 통일신라의 모습을 통해서 확인할 수 있다. 그는 당나라에서 정치제도를 비롯한 사회 시스템을 받아들였지만, 당에도 신라인의 거점인 신라방이 구축되도록 했다. 통일신라는 신라관, 신라촌, 신라원, 신라소와 같은 신라인의 거점을 확대했다. 당나라뿐만 아니라 헤이안 시대 일본에서도 견신라사遣新羅使가 오가면서 교류를 넓혔다. 현대에도 통일신라의 영향을 받은 문화재가 일본 문화 곳곳에 산재해 있다. 특히 일본의 경우 특별한 기술을 가진 신라인들을 선호했다. 불교 승려뿐만 아니라 통역, 제련술, 조선술 등 뛰어난 능력의 기술자들이 일본 사회에 큰 영향을 끼쳤다.

당이나 일본 등 주변국뿐만 아니라 세계사적으로 최고의 전성기를 누렸던 당대 아랍인, 페르시아인들까지도 신라를 기록하고 있다는 점은 놀랄 만하다. 그들이 그린 지도에는 신라가 명시되어 있다. 그들의 기록에는 신라로 갔던 많은 아랍인, 페르시아인들이 고향보다 신라가 더 좋다며 영구히 정착하는 사례도 있었다. 당시 세계와의 무역이 활발했다는 것은 장보고의 청해진을 통해서도 알 수 있다. 신라는 다른 나라 사람들이 살고 싶은 나라였고, 배우고 싶은 나라였다. 오늘날 우리가 이야기하는 선도국가, 즉 표준국가의 모델이었다.

오늘날 우리나라가 가야 할 길도 '새로운 신라의 길, 팍스 코리아'Pax Korea이다. 세계를 선도하고 기준을 세우는 표준국가가 우리가 가야 할 새로운 길이다. 새로운 지정학적 변화와 디지털 대전환의 시대에 맞는 안목을 갖춰야 한다. 과거 식민의 눈으로 현재를 보는 것이 아니라 사려 깊고 혁신적인 제국의 눈으로 우리의 국가 비전을 제시해야 한다. 높은 안목과 깊은 통찰력 그리고 현실에 바탕을 둔 정확한 눈으로 새로운 한반도 시대를 열어야 한다. 김춘추가 내다봤던 새로운 신라의 모습, 그가 만들어냈던 삼한통일이라는 한반도의 비전, 지금 우리는 그가 봤던 치열하게 냉정했던, 높고 깊은 안목을 배워야 한다. 동북아시아와 한반도를 새롭게 설계한 팍스 신라의 눈으로 미래를 봐야 한다. 이 글은 그 시작이다.

2

표준국가를 말한다

표준국가로 가는 길

　우리나라가 개발도상국에 머물러 있을 때만 해도 많은 국민이 국산보다는 소위 일제, 미제가 최고라고 여겼었다. 지금도 품목에 따라 국산보다 외국의 제품을 더 선호하기도 하지만, 더 이상 국산이 평가 절하되지는 않는다. 그만큼 국산의 품질이 좋아졌고 경쟁력도 있기 때문이다. 최근에는 다양한 국내 기업들이 K-콘텐츠 열풍을 타고 식품부터 시작해서 화장품, 미용 등 여러 분야의 품목을 수출하고 있다. 그야말로 격세지감이 느껴지는 상황이다. K-콘텐츠의 영향도 있지만, 국내보다 상대적으로 노동력이 싼 중국이나 동남아시아 등지에서 생산된 제품보다 품질이 좋다 보니 한국 제품에 대한 신뢰가 높아졌기 때문이다.

　한때 우리나라 경제가 일본 경제를 잡으려면 30년이 걸린다는 등 "뱁새가 황새 따라가면 가랑이 찢어진다."는 정도의 격차를 두기도 했다. 하지만 최근에는 일본에 크게 밀린다고 느끼지 않을 만큼 우리나라 경제가 성장했다. 오히려 일본 경제에 역전의 가능성까지 이야기되고 있다. 물론 최근 부상한 사회적인 문제를 두고 일본의 잃어버린 30년을 따라가는 것이 아니냐는 기우도 있다. 그렇다는 건 우리의 경제적 경로가 일본과 큰 차이가 없다는 의미로 볼 수도 있다. 현재 우려되는 사회적인 문제를 일본과는 다른 방식으로 풀어나가야겠지만 말이다.

과거 우리나라는 선진국들을 벤치마킹해 왔는데, 어느덧 선진국의 반열에 오르게 되었다. 우리는 더 이상 개발도상국이 아니라 오히려 누군가의 모델이 될 수 있는 나라가 되었다. 2021년 유엔무역개발회의UNCTAD는 우리나라의 지위를 개발도상국에서 선진국으로 변경했다.

그렇다면 우리나라는 어떤 모델이라고 할 수 있을까? 독일 모델이나 북유럽 모델처럼 우리도 한국형 모델로 존재감을 더 드러내야 한다. 세계에서 꼴등부터 1등까지 다 해본 나라가 있을까. 그만큼 입지전적인 모델이 아닌가 말이다. 한국이라는 선진 모델, 바로 표준국가이다. 말 그대로 다른 나라에 표준이 되는 나라다.

표준국가라고 했으니 이제는 과거와 다른 모습을 보여야 할 때다. 우리를 보고 뒤따라오는 나라들의 표준이 되어야 하니 말이다.

표준이란 무엇인가? 표준의 사전적 의미는 '사물의 정도나 성격 따위를 알기 위한 근거나 기준', '일반적인 것 또는 평균적인 것'이며 확장된 의미로는 중심이자 모범이라고 할 수 있다. 그러므로 표준이라는 말에는 기준이나 모범과 같은 긍정적인 요소가 포함되어 있는 것이다.

바야흐로 우리는 표준국가를 만들어야 한다. 선진국을 뒤쫓는다고 모두 선진국이 되는 것은 아니다. 하지만 30년 차가 난다는 일본도 추월해 가고 있는 만큼 지금보다 더 발전적으로 성장하려면 우리 스스로 표준국가로서의 모델을 만들어야 한다.

우리나라가 표준국가가 될 수 있는 밑바탕은 충분하다고 본다. 경제 성장의 밑거름이 되고 있는 반도체 등도 있고, K-POP 등 세계를 하나의 문화로 만드는 K-콘텐츠도 있다. 위기일수록 단결하여 위기 극복의 신화를 만드는 국민성도 있다. 물론 긍정적인 근거들이 있는 만큼 부정적인 요인도 사방에 존재한다. 부정적인 요인들 또한 우리의 모습이라면 극복해서 또 다른 표준으로 만들어야 한다. 그렇다면 세계를 선도할 수 있는 표준국가로 가는 길에 필요한 것은 무엇이 있을까?

먼저 우리만의 강점을 부각시키는 것이다. 우리만의 강점이란 무엇인가? 우선 '속도와 도전'이다. 선진 기술을 빠르게 모방하고 받아들여 무수한 도전의 따라잡기 끝에 '한강의 기적'이라 불리는 산업화에 성공했다. 아울러 독재 권력을 타파하고 각종 부정부패의 척결을 이끈 민주화로 사회 곳곳에 전파된 '개방과 혁신'은 산업화를 한층 고도화한 정보화 시대를 선도하며 글로벌 '한류 신화'를 창출하였다.

표준국가가 되기 위해서는 무엇보다 국가적 자존심, 혹은

'제국의 눈'이 필요하다. 우리 스스로 당당하지 못하면 표준 국가는 의미가 없어지기 때문이다. 제국의 눈이란 우리나라를 중심에 놓고 사고하는 것이다. 국가라는 자존심, 국민들의 자긍심을 기준으로 대외 관계를 설정하는 것이다.

과거 우리의 역사에서도 나라의 자존심, 제국의 눈을 갖춘 인물이 있었다. 조선 시대 임진왜란 당시 서애 류성룡은 비록 나라가 전쟁 중에 있더라도 국가적 자존심을 잃지 말아야 한다고 강조했다. 왜군의 침입에 명나라에 원군을 청하면서 도와달라고 사정할 것이 아니라 왜가 명을 치기 위해 조선을 도발한 것이니 응당 명이 군사를 끌고 와야 한다는 입장이었다. 다른 이들의 경우 명의 원군을 큰 시혜처럼 여겼지만 말이다. 원군을 청한다는 사실은 변함이 없지만, 입장은 확연히 다른 것이다. 국가 간의 문제에 있어서 자존심은 중요한데, 그것은 명분으로 나타난다. 그리고 현대 사회에서 명분은 자국의 이익으로 연결되어야 한다.

표준국가의 모델을 만드는 데 있어 가장 먼저 챙겨야 할 것이 국가적 자존심이다. 우리는 이미 당당해도 될 물적 조건을 갖추고 있다. 굳이 과거에 그랬듯이 강국의 눈치를 보거나 지나치게 의존할 필요가 없다. 전쟁 중이라도 국가적 자존심을 잃지 말아야 한다고 강조했던 류성룡처럼 제국의 눈을 갖고 당당해야 한다.

최근의 정세를 보더라도 우리가 어떤 면을 놓치지 말아야 하는지 생각하게 된다. 미국과 중국의 패권 경쟁이 갈수록 치열해지고 있는 가운데, 우리나라는 어떤 포지션을 취하고 있느냐는 거다. 우리가 지켜야 할 이익도 잃지 않고 미중의 패권 경쟁에서도 국가적 자존심을 지켜야 하는데, 그렇게 하고 있는 걸까.

윤석열 정부가 들어서면서 우리나라의 외교 자율성을 잃어간다는 비판이 일고 있다. 2022년 발발한 러시아-우크라이나 전쟁은 전쟁 당사국만이 아니라 세계 여러 나라에 영향을 끼치고 있다. 표면적으로는 두 나라의 전쟁이지만 여러 나라의 이권이 연관되어 있다. 특히 미국은 기존 지역 패권을 강화하려는 러시아를 저지하기 위해 여러 나라들에 러시아의 제재를 요구하고 있다. 그런데 냉전 시대와 달리 러시아의 우크라이나 침공 이후 대러시아 제재에 참여한 나라는 50개국도 되지 않는다. 즉 미국의 의도대로 움직이는 나라가 많지 않다는 것이다. 세계의 패권보다 자국의 이익이 우선이기 때문이다. 우크라이나를 침공한 러시아를 제재한다는 명분보다 관망하면서 자국에 미칠 손익 계산을 하는 게 진정한 국익이라 여기는 것이다.

2023년 8월에 있었던 한미일 정상회의에서 한미일 3국 안보·경제 협력으로 새 지평을 열 것이라는 윤석열 정부의 주장과 달리 아무것도 얻은 게 없다는 평가가 나오고 있다. 미국 측에서 보면 중국 견제를 위한 발판을 만들었고, 군사·경제적 부담을 한일과 나누게 됐다는 점에서 성과가 크다. 일본도 후쿠시마 원전 오염수 방류에 힘을 얻었고, 안보 협력을 통한 전쟁 가능 국가로의 전환 등의 유의미한 성과를 가져갔다.

그런데 우리만 내놓을 성과가 보이지 않는다. 실질적으로 아무것도 얻은 게 없다. 명분도 잃고 실속도 잃고, 마침내 국가적 자존심마저도 챙기지 못했다. 이럴수록 표준국가로 가는 길이 더딜 수밖에 없다. 2021년 선진국 대열에 당당히 들어섰으면서도 출산율은 갈수록 저조해지는데, 지난 20년간 우리나라는 OECD 국가 중 자살률 1위, 행복지수 최저를 기록했다. 또한 2023년 에델만 트러스트 바로미터 양극화 조사 결과 정치·경제 양극화가 심한 '위험국' 중 하나로 우리나라가 꼽혔다. 이렇게 표준국가로 가는 길에 산적해 있는 문제들을 해결해나가야 할 때 국가가 그 중심을 잡지 못한다면 어떻게 한국형 선진모델을 만들 수 있겠는가.

한반도에서 펼쳐지는 미국, 일본, 중국, 러시아의 각축은 여전하지만, 한미일 대 북중러라는 과거의 분명한 구분에 얽매일 필요는 없다. 내 편, 네 편으로 가릴 것이 아니라 국가이익을 중심으로 유연하고 능동적인 외교가 필요한 때이다. 표준국가로서의 비전은 명확히 하되 그에 따르는 전략은 모호하더라도 국익을 중심으로 변화를 가지면 된다. 미국과 중국 사이에서도 이익의 균형을 우선으로 놓고 봐야 한다.

표준국가에 무엇을 담을 것인가?

우리는 표준국가에 무엇을 담을 수 있을까?

이른바 선진국이라고 하는 나라들은 그저 경제력만 높은 게 아니라 자기 나라 형태에 맞는 가치관과 철학이 있다. 우리나라는 오래전부터 공동체 정신이 이어져 오고 있다. 개인보다 이웃과 함께 하는 문화가 형성되어 있다.

북유럽에는 '얀테의 법칙'이란 게 있다. 얀테의 법칙은 '보통사람의 법칙'이라고도 하는데, 북유럽 사회에서는 누구나 지키는 당연한 것으로 받아들이고 있다. '당신이 특별하다고 생각하지 마라.', '당신이 남들보다 똑똑하다고 생각하지 마라.', '남들에게 무엇이든 가르칠 수 있으리라 생각하지 마라.' 는 등 10가지 법칙이 있는데, 타인을 존중하며 개인보다는 공동체성을 강조한 덕목이다.

우리는 한 명의 천재가 10만 명을 먹여 살린다는 '천재 경영론'를 주장했던 모 기업 회장의 말을 기억하고 있다. 이 말은 북유럽에서 공동체의 조화를 깨는 금지어 정도로 다가올지도 모른다. 사회 분위기 차이일 수 있겠지만, 북유럽에서 얀테의 법칙이 굳건하다는 것은 공동체에서 개인의 중요함을 찾고 협력 모델을 찾는 게 자연스럽다는 의미이다. 그리고 얀테의 법칙은 교육에서도 서열 없이 집단 협력 모델로 나타난다.

그렇다면 우리는 어떤 식의 모델이 필요할까?

우리에게는 '포월抱越의 정신'이 필요하다. 추월이 아닌, 안으면서도 넘어서는 포월이어야 한다. 그 사례로 우리에게는 홍익인간 이념이 있다. 한반도 최초의 국가인 고조선의 건국 이념으로부터 이어져온 정신이자, 현재 우리의 이념 중 하나로서 크게 자리 잡혀 있다. 그리고 앞서 얀테의 법칙 같은 사회적 행동 지침으로는 홍익인간 이념이 사회에 적용되었다고 할 수 있는 품앗이, 그 상부상조의 미덕이 있다.

1997년 발생한 IMF 외환위기 때 국민 금 모으기 운동이나 2020년 코비드COVID 위기 속에 행해진 사회적 거리두기 등은 상부상조 미덕이 발휘되어 세계적으로도 감탄을 받은 대표적 사례라 할 만하다.

이렇게 우리의 오랜 가치관에 내재된 홍익인간의 확장판이자 상부상조의 미덕을 관통하는 정신으로서 지금 우리 시대 정치에 포월이 강조될 필요가 있다.

그렇다면 무엇을 안을 것인가. "빨리 가려면 혼자 가고 멀리 가려면 함께 가라."는 아프리카 속담이 있듯이 함께 멀리 뛰기를 해야 한다. 즉 차이를 어우르며 한쪽으로 기울지 않고 균형을 이뤄 도약해서 개선하는 것이다.

토머스 새뮤얼 쿤은 저서 《과학혁명의 구조》에서 "패러다임이 안전하게 지탱되는 동안에는 합리화에 대한 동의가 없이 또는 합리화 같은 것은 전혀 생각지도 않은 채 패러다임은 기능을 나타낼 수 있다. … 이제 우리는 잇달아 나타나는 패러다임 사이의 차이는 필연적이며 동시에 양립 불가능하다는 것을 당연하게 받아들여야 한다."고 했다. 새로운 패러다임은 기존의 패러다임을 부정하는 데서 비롯된다. 또한 또 다른 패러다임이 등장하기 전까지는 기존의 패러다임이 존속된다. 패러다임은 그 시대 성원들의 의식을 규정짓고 있다. 이제는 우리 모두 표준국가, 제국의 눈이라는 새로운 패러다임을 가져야 한다.

우리나라의 산업화와 민주화가 적대적인 것이 아니라 동시에 안고 살아야 새롭게 나아갈 수 있다는 의미이다. 산업화와 민주화를 대립이 아닌, 고통과 갈등을 넘어 품고 도약해야 새로운 한국형 모델이 나온다. 이것이 표준화요, 표준국가에서 담아야 할 내용이다.

우리의 경우에도 북유럽의 얀테의 법칙처럼 여럿이 함께하는 공동체 문화가 존재했다. 널리 세상을 이롭게 하라는 이념처럼 사해는 모두 동포라는 인식이 오랫동안 자리하고 있었다. 그리고 정치적인 면에서는 한 사람의 의견이 아니라 다수가 생각하고 의논하는 조선 시대의 '공론公論 정치'가 있다. 특히 공론 정치를 보면 아주 오래전부터 우리나라는 민주주의의 기초가 다져지고 있었다는 것을 알 수 있다.

공론이란 무엇인가? 공론은 공공의론이라기보다 여론에 가깝다. 오늘날의 여론 정치가 조선의 공론 정치였다. 원래는 조선 중기 사림파가 관직에 진출하면서 본격화되었다. 공론 정치는 관직에 나아가지 않는 유생들이 수시로 왕에게 국정의 시시비비를 가리는 상소를 올리면서 주도하게 되었다. 상소에는 서울에 있는 성균관과 사부학당의 유생이 올리는 관소와 지방 향교나 서원, 각 행정 단위에 거주하는 유생들이 올리는 유소가 있었다. 이들은 때로 힘을 합하여 연합소를 올리기도 했다. 그렇게 유생들은 공론을 형성하는 주체가 되었다.

"무릇 하루라도 조정에 있으면 마땅히 하루도 기강이 있어야 하니, 공론은 국가의 기강입니다. 그런데 대신이 몸에 죄를 짊어지고도 공론을 돌보지 않고 태연한 마음으로 평일처럼 지낸다면, 나라가 어찌 되겠으며 조정이 어떻게 되겠습니까. 이러므로 옛사람이 비록 일엽편주 위에 처해있더라도 거취에 구차하지 않은 것은 진실로 까닭이 있습니다."

이 글은 류성룡이 선조에게 1598년에 올린 사직차자辭職箚子로 《서애집》에 수록되어 있다. 오늘날로 치자면 사직서인데, 차자라는 형식까지 빌렸으니 왜 그만두려 하는지에 대해 밝히는 일종의 상소문이다. 류성룡은 여기에서 '공론'이라는 화제를 꺼냈다.

류성룡은 왜 벼슬을 그만두려고 했을까? 류성룡은 임진

왜란과 정유재란을 거치는 동안 전시체제에서 국정을 총괄했던, 지금으로 보면 총리와 같은 역할을 했다. 그래서 선조가 명나라로 피난 가려고 했을 때도 왕이 우리 영토를 떠나면 조선은 존재하지 않게 된다고 만류하기도 했다. 앞서도 언급했듯이 그는 제국의 눈을 가진 사람이었다. 우리에게는 우리를 지킬 자존심이 있어야 하니 명나라에 기죽을 필요는 없다는 입장이었다.

그런데 명나라 쪽에서 일이 터졌다. 명나라에서는 장수에게 패전이란 있을 수 없다고 여겨 황제에게 패전을 보고하지 못하게 했다. 달리 말하자면 패전을 한 장수는 곧 죽음을 의미했다. 류성룡과 사사건건 부딪쳤던 명의 장수 양호는 울산 전투를 패하고도 거짓으로 승전했다고 보고했다. 그 사실이 명나라 관리 정응태에 의해 알려졌다.

문제는 죽음의 위기에 처한 양호를 조선 조정에서 변호하고 나섰는데, 정응태는 조선이 일본을 끌어들여 명을 치려 한다고 무고했다. 조정에서는 류성룡이 이 사건의 진상을 해명하러 가지 않았다며 급기야 탄핵으로 이어졌다. 류성룡은 애초부터 조선이 양호를 변호할 필요가 없다고 했다. 즉 그들의 문제를 조선이 관여할 필요가 없다는 입장이었다. 그러니 그들에게 가서 고개를 숙이며 사과할 일은 더더욱 아니란 의미였다. 결국 다른 관리가 명에 가서 굴욕적인 글로 사과를 전했다.

류성룡은 공론을 '국가의 기강'이라고 했다. 나라가 제대로 서려면 기강이 있어야 하고, 그 기강을 받치는 게 공론이 기 때문이다. 그는 공직에 몸담고 있는 사람이라면 더욱 그 공론을 두려워할 줄 알아야 한다고 여겼다. 자신이 아무리 옳다 하더라도 공론이 자신을 원치 않으면 그 자리에 있을 수 없다고 보았다. 비록 자신이 억울한 상황이더라도 자신을 탄핵하는 게 세상의 공론이라면 자리에서 내려와야 한다는 게 사직차자를 올린 이유였다. 그는 그만큼 여론을 중히 여겼다. 그는 자리에서 물러나는 것으로 공론에 대한 책임을 졌다. 공론이 국가의 기강이라고 했던 만큼 그 약속을 지켰다.

그는 미래는 공론을 주도한 이들이 만들 세상이라고 보았다. 공론은 만든 이들이 책임을 져야 하며 그 공론의 문제점도 알아야 한다고 보았다. 여론이 늘 옳은 것은 아니니 말이다.

표준국가에서 공론은 중요하다. 마찬가지로 현대 사회에서도 여론을 무시하면 안 된다. 그런데 윤석열 정부에서는 공론, 여론이 무시되는 것을 종종 겪게 된다. 국민의 생명을 앗아간 참사에서 주무 장관이 도의적인 책임을 지고 물러나야 함에도 버티고 있다. 이태원 참사, 오송 참사 등에도 책임지고 물러나는 책임자가 없다. 공직에 있는 사람일수록 공론을 두려워할 줄 알아야 한다는 류성룡의 말이 무색해진다.

표준국가는 우리가 만들어야 한다. 기준이자 모범이 되어야 하는 만큼 우리 스스로가 볼 때 부당하다고 보이는 것은 쳐내야 한다. 어디에 내놓아도 당당한 모습이어야 한다. 그러므로 최소한 우리 안에서 부끄러움이 없어야 한다.

뉴 트라이앵글 전략,
우리는 더 이상 새우가 아니다

"고래 싸움에 새우 등 터진다."는 속담이 있다. 싸움은 강한 자들끼리 하는데, 그 속에 낀 약자가 피해 입는 것을 말한다. 그런 점에서 우리나라는 새우였다. 앞서도 언급했듯이 지정학적 조건 때문에 강대국들의 힘겨루기에 눈치만 보게 되었다.

우리나라는 이제 모든 분야의 지표에서 선진국이다. 나름 급속한 성장이었지만 늦은 2000년대에 들어서야 선진국에 진입해서 그런지 아직도 많은 국민들이 선진국으로 인정받았다는 사실을 체감하지 못하고 있다. 우리나라는 더 이상 경제 규모에서 콤플렉스의 나라가 아니다. 단 50여 년 만에 꼴찌에서 1위 군단으로 들어선 것이다. 산업화를 시작할 무렵, 일제강점기와 한국 전쟁으로 인해 지체되었지만 그런 핸디캡을 딛고도 당당히 선진국 대열에 들어섰으며 이제는 다른 나라의 눈치를 살피는 '식민의 나라'가 아니다.

하지만 지정학적 조건으로 인해서 선진국 상위권을 유지할 수 있는 나라인데도 소극적으로 임하고 있는 것도 사실이다. 충분히 고래급이 되었는데도 새우눈을 뜨고 적당히 눈치를 보면서 이리로 갈까, 저리로 갈까 관망할 때가 있었고, 여전히 그런 모습이 남아 있기도 하다. 지금 아시아·태평양, 혹은 인도·태평양 경합이라고 해서 세계정세가 변화무쌍하다. 더 이상 이리 밀리고 저리 밀리면서 식민의 관점, 새우눈으로 봐서는 안 된다. 그러다가는 고래 싸움에 터지는 새우등 마냥 새우 같은 고래로 경시되는 형국이 올 수도 있다.

이제는 우리의 경제 규모와 국제적 책임감에 맞는 태도, 안목과 식견으로 나서야 한다. 그런 면에서 외교 전략은 '트라이앵글'이어야 한다. 트라이앵글 이른바 삼각화 전략은 현정부 이전까지는 미중 갈등에서 요긴하게 활용했다. 냉전 시기에는 한미동맹을 기반으로 자유민주주의체제 안에서 산업을 발전시켰고, 외교 안보를 통해 경제 구조도 안정화시켰다. 1992년 한중 수교로 중국과의 경제 교류를 통해 산업 발전을 이루어내고 새로운 경제 동반자 관계가 형성되었다. 미국 못지않은 중국의 기여가 있었다.

우리는 미중 갈등이 있는 가운데서도 대외정책에 있어서 경제는 중국, 안보는 미국이라는 '경중안미'의 외교 전략을 펼쳤다. 윤석열 정부 이전까지만 해도 우리나라의 대통령은 보수, 진보를 막론하고 대외정책에서만큼은 한반도 정세의 안정을 우선에 두었다. 냉전 모드가 변화되면서 노태우 정권은 중국, 러시아와 수교를 성사시켰는데, 그때부터 지금까지 두 나라를 자극하지 않으며 지내온 것은 한반도 정세를 안정시키기 위함이었다.

　그런데 암묵적으로 지켜오던 대외정책의 기조를 바꾼 것은 윤석열 정부이다. 지금 윤석열 정부는 신냉전으로 국제 관계를 규정하고 있는 모습이다. 고래 싸움에서 벗어나는가 싶었는데, 다시 우리나라를 새우로 만들고 있다. 물론 미중 패권 갈등은 신냉전이라 불릴 만큼 치열한 상태이기는 하지만 그 또한 지속될 수 있을지 미지수이다.

　미국 바이든 정부는 세계의 패권 경쟁에서 중국을 견제하기 위해 반도체 등 첨단 산업 분야에서 중국이 기술력을 확장하지 못하도록 막고 있다. 이를 위해 내세운 것이 미국 주도로 재구축하면서 중국에 경제적 압박을 강화하고 중국을 고립시킬 목적을 지닌 '디커플링Decoupling 전략'이다. 그래서 중국에 진출해 다량의 반도체를 생산하는 우리나라 기업들도 미국의 조건부 승인 아래 공장 운영을 이어가야 했다.

　그런데 최근 중국이 미국의 디커플링 전략에 맞서 미국의 메모리 반도체 생산업체 마이크론을 제재하고 나서자 유럽연합EU 국가들을 중심으로 전략이 수정되었다. 중국을 지나치게 견제하다가 자국에 손해가 발생할 것을 우려해 글로벌 정치라는 위험 요소를 배제한다는 '디리스킹'De-risking으로 방향을 전환했다. 심지어 미국의 기업조차 자국 정부의 대중 압박 기조를 뒤로 하고 중국을 찾을 정도가 되었다.

　세계는 이미 진영 논리에서 벗어나 있다. 자국에게 이익이 되는지, 자신의 기업에 손해가 되는지를 따지는 것이다.

미국 정부조차도 언제 화중和中으로 돌아설지 모를 일이다. 그런데 지금껏 지켜온 대외정책을 휴지 조각처럼 구겨버린다면 어떤 결과가 생기겠는가. 윤석열 대통령의 외교 안보 전략을 우려하는 이유이다. 오로지 미국에 중심을 둔 가치 외교를 내세워 중국, 러시아를 자극하고, 대북정책 또한 강경 일변도로 나서고 있다.

세계 대부분의 나라가 자국의 이익에 초점을 맞추고 있다. 그런데도 우리나라만 진영 논리로 퇴행하고 있다. 진영 논리에서 벗어나서 중국을 바라보면 우리나라의 제1교역 국가이다. 지난 20년간 우리나라의 대중 무역수지 흑자 총액이 같은 기간 전체 무역 흑자의 90% 정도였다면 경제적으로 얼마나 큰 비중을 차지하고 있는지 알 수 있다. 러시아 역시 경제협력국가로 중요성이 커지고 있었다. 이번 북한과의 회담 전까지만 해도 러시아는 우리를 더 인정해 주고 있었다.

윤석열 대통령은 2023년 4월 한미 정상회담에서 중국과 러시아와의 대립 지점을 명확히 했다. 한반도의 지정학적 특성으로 인해 발생하는 한국의 특수한 사정을 전혀 고려하지 않았다. 과연 한반도의 평화를 지키고 국민의 안전을 도모하려는 생각은 있었던 것인지 의문이 드는 회담이었다. 과연 두 나라에서 경제 활동하고 있는 기업들의 처지와 그로 인해 발생하는 우리 경제에 대해서는 생각이라도 했을지 의문이 든다.

우리 기술력이 언제까지 우월하다고 할 수 있겠는가. 예전과 다르게 중국은 우리의 기술력을 추격해 오고 있다. 우리 정부의 중국에 대한 기조가 계속 디커플링이라면 중국은 어떤 식으로든 우리 기업에 제재를 가해 올 것은 자명한 일이다.

지금이라도 방법이 없는 것은 아니다. 위기를 기회로 삼는다는 말은 약점을 오히려 장점으로 만드는 것을 의미한다. 우리의 지정학적 조건을 활용해야 한다. 미국 중심의 편들기 전략에서 벗어나 '뉴 트라이앵글, 새로운 삼각화 전략'으로 나가야 한다. 기존의 경중안미의 좁은 틀에서 벗어나 우리 몸집과 이익에 맞게 '안보의 자강, 엣지Edge의 경제'를 확고히 하는 새로운 전략적 구도를 짜서 이끌어갈 역량을 만들어내야 한다.

미중으로 대표되는 글로벌 리더십 대결 전망을 두고 정치, 경제 관련 전문가들의 조언에 의하면 원칙 없는 실용 외교나 맹목적인 가치 외교를 지양하라고 한다. 원칙 없고 맹목적인 외교는 실익을 얻기 어렵기 때문이다. 그런 의미에서 미중 리더십에 따라 우리의 외교정책을 조정하지 말라는 것이다. 미국 주도권 전략에 무조건 추종할 필요도 없는 만큼 다른 나라들도 국익을 우선으로 한다. 아무리 중국 시장을 무시할 수 없어도 그들이 주는 선물에 길들여지면 안 된다. 중국의 경우 그들의 이익에 따라 수시로 정책을 바꾸기 때문이다. 다만 중국의 경우 불필요한 자극을 피해야 한다.

언제까지 미국이나 중국에 끌려갈 다닐 수는 없지 않은

가. 영토가 작은 나라라고 목소리도 작게 내야 하는가? 언제까지 식민의 관점을 가진 새우로 살 수는 없지 않겠는가 말이다. 우리도 당당히 우리 목소리를 내야 한다. 그러려면 우리 위상과 규모에 맞는 외교 안보 전략과 국가 비전 전략이 필요하다. 제국의 눈이 필요하다. 기억하자. 우리는 이미 선진국에 와 있다. 우리가 강대국이 되는 것은 우리의 목소리를 낼 때이다.

식민의 관점? 제국의 관점?

관점이란 뭘까? 사물이나 현상을 관찰할 때 그 사람이 보고 생각하는 태도나 방향 또는 처지라는 사전적인 의미가 있다. 사진을 찍을 때 같은 배경을 두고도 찍는 사람에 따라 결과물이 다르게 나오는 것을 볼 수 있다. 이는 사진을 찍는 사람마다 관점이 다르기 때문이다. 예전에는 시위 현장에서 각도를 다르게 하면 실제로는 많은 관중이 모여 있어도 적게 보이게 할 수 있었다. 시위에 참여한 이들이 많지 않았다고 말하고 싶은 이들에게 좋은 사진이었다. 물론 지금은 드론도 있고, 누구나 휴대폰을 이용해서 다각도로 찍기 때문에 과거와 같은 일은 없겠지만, 여전히 사진을 찍을 때는 관점이 나타난다.

같은 사물이나 같은 사건을 두고 다르게 바라볼 수 있는 것은 관점의 차이다. 우리가 어떤 관점을 가지고 세상을 바라보느냐에 따라 우리의 입장은 천지 차이가 될 수 있다. 그렇다면 직관적으로 눈에 보이는 대로만 보는가? 아니면 보고 싶은 것만 보는가? 세계 질서의 변화와 재편되는 국제 상황을 냉철하고 정확한 눈으로 분석하며, 판단하고 바라보는가?

한반도의 운명은 지정학적 특수성 때문에 강대국들의 패권 경쟁과 냉전, 경제의 이해관계에 따른 글로벌 경쟁으로 위기와 안정이 반복되어 왔다. 식민과 전쟁, 분단이라는 현대사에서 알 수 있듯 우리가 동북아 질서에서 능동적이고 주도적인 힘과 역할을 가지고 있지 못했을 때, 한국의 지정학적 상황은 '제국'이 '식민'처럼 운영했다.

급변하는 지정학적 상황을 보는 국제적 안목이 정확하지 않으면 강대국들은 체스 게임에서 일방적인 규칙 변경과 급작스러운 정책 변화를 자행하면서도 우리의 국익을 지켜주지 않는다. 가장 위험한 건 국제정세에 대한 '있는 그대로의' 정확한 눈이 아니라 '보고 싶은 것만 보는' 당파적이거나 이념적인 눈이 가져오는 오판과 착오이다. 식민을 만드는 건 바로 낮은 안목과 부정확한 눈을 가진 식민의 관점이다.

2022년 우리나라는 주위의 강대국들이 예전처럼 함부로 다룰 수 없는 나라가 되었다. 2021년 7월, 유엔무역개발회의는 우리나라를 선진국으로 분류했다. 60년 전 아프리카 국가들보다 가난하던 극동의 나라가 서구 유럽 국가들과 함께 선진국 대열에 진입한 것이다. 2020년 경제 규모로 세계 경제 10위, 구매력 평가 기준의 1인당 국민소득은 이미 유럽 국가들이나 일본보다 높아졌다. 선진국 클럽이라는 G7에도 초청되었다. 세계 국력 6위로 아시아에서 일본을 앞서는 강국이 되었고 한류라는 문화적 영향력은 이제 우리나라를 극동의 가난한 나라가 아니라 수많은 개발도상국이 따라 배우는 선진국가로 만들었다.

"태양중심설의 최대 약점 중 하나는 기존 지구중심설보다 예측력이 정확하지 않았다는 것이었다. 태양이 우주의 중심이라는 것과 우주는 반드시 조화롭게 되어 있다는 굳건한 믿음을 가진 한 사람은 기필코 그 약점을 해결하고야 만다. 이것을 가능케 한 것은 기존의 상식을 과감히 버릴 수 있는 용기와 하늘의 길을 끈질기게 바라본 인내심이었다. 그는 더 나아가 천체가 움직이고 물체가 땅으로 떨어지는 데는 분명 인간이 이해할 수 있는 원리가 있다고 생각했고, 그 원리는 우리가 이미 알고 있는 것이라는 혁신적인 생각을 한다. 이 사람은 천문학자가 물리학자처럼 생각한 것이다."

조진호 작가의 《어메이징 그래비티》라는 책에서 나온 내용으로 천문학자 케플러를 말하고 있다. 케플러는 평생을 가난하게 살았다. 황제의 고문 천문학자였지만 가족 부양을 위해 닥치는 대로 일했다. 일한 비용을 제때 받지 못하고 밀린 급료를 받기 위해 구걸하다시피 해야 했고, 궁핍하고 고통스러운 말년을 보냈다. 하지만 케플러는 기존의 상식에 잠식되지 않고 과감하게 새로운 생각을 해내는 사람이었다.

신비주의와 과학의 전환기에 케플러는 '물리학자처럼 생각한 천문학자'였다. 천상과 지상이 전혀 다른 규칙으로 돌아가고 있다는 상식을 깨고 지상의 논리로 하늘을 바라본 최초의 사람이었다. 케플러의 이러한 관점은 혁신과 도약의 방아쇠가 되었다. 그 바통을 갈릴레이와 뉴턴이 이어받았고, 1687년 뉴턴의 책이 발간된 해에 결국 아리스토텔레스의 세계관은 종말을 고했다. 신비주의의 지배가 끝나고 과학의 시대가 시작된 것이다.

케플러의 천문학이 점성학의 신비주의를 넘어선 이유는 방대하게 축적된 관측 지식 때문이었다. 행성 운동을 천사들이 행성을 밀고 다닌다는 당시의 상식을 깨고 태양으로부터 나오는 물리적 원인을 이야기했던 케플러는 과학이 가져온 혁신을 두려워하지 않았다.

제국의 관점과 식민의 관점의 차이도 마찬가지다. 제국과 식민은 우생학적인 유전과 신비주의로 나뉘는 게 아니다. 제국과 식민의 차이는 결국 혁신적이고 창의적인 도전과 모험 정신으로 스스로와 세계를 볼 수 있는 지식과 역사로부터 만들어진다. 단지 국민소득을 넘어 지구와 인류에게 닥친 문제에 적절한 해법을 제시할 수 있는 독창적인 기준과 표준을 만들 수 있는 나라가 될 수 있느냐에 달려 있다. 우리나라는 이제 추격국가에서 선진국가로 진입했다. 이제 우리에게는 제국의 관점이 필요하다.

우리는 지정학적 조건으로 오랜 역사 동안 많은 부침을 겪었다. 특히 36년의 일제강점기가 남긴 국민적 반일 감정은 지금까지도 이어져 오고 있다. 그도 그럴 것이 역사를 왜곡하고 부정하려는 일본 정부의 태도도 문제지만 광복 이후 일제 잔재의 청산이 미흡했던 탓에 여전히 반일 감정이 잔존하고 있는 것이다.

사실 일본이 우리를 침략한 임진왜란이나 일제강점기를 제외한 나머지 역사 기간 동안 두 나라는 잘 지내왔다. 일본과의 관계를 냉정하고 객관적으로 바라볼 필요가 있다. 큰 맥락을 가지고 두 나라 간의 관계를 설정할 필요가 있다. 박정희 정권 때 한일 국교정상화로 양국 간의 교류가 이어졌다.

이제는 일본과의 관계를 재설정할 필요가 있다. 우리가 더 이상 일본의 지배 아래에 있는 게 아니니 그들에게 피해의식을 가질 필요가 없다. 국민적 반일 감정을 무시하자는 것도 아니다. 다만 국가 간의 관계에서 식민지 시대 반민족국가적 친일처럼 광복 후에도 여전한 일본 추종도 문제지만 극렬하고 급진적 감정으로 반일로 일관하는 것도 국익에 도움이 되지 않는다.

그렇다면 어떻게 관계 정립을 해야 할까? 한일 관계는 항상 어려웠지만 관점조차 퇴행해 가고 있다. 물론 그 과정에서 가장 큰 문제는 일본 전 총리였던 아베나 극우 세력들의 발호라고 볼 수 있다. 특정 과거에만 매이면 문제 해결은 요원해진다. 아직까지 끝나지 않은 위안부 피해자에 대한 사과 문제에 있어서 우리나라 정부가 주도권을 쥐고 확실한 사과받아야 한다. 이 문제에 대해서는 확실히 정해 놓고 다른 사안은 다른 사안대로 입장을 정해 놓고 관계를 이어가야 한다.

역시 문제는 관점이다. 우리의 상황과 유사한 예로 베트남을 들 수 있다. 베트남의 통일 과정에서 미국과 벌인 전쟁이 베트남 전쟁이다. 미국의 동맹국으로서 우리나라 군대도 파병되었다. 전쟁이란 게 모두에게 상처로 남겠지만 특히 베트남에겐 큰 상처로 남았다.

특히 파월 한국군의 민간인 학살 논란과 실상은 우리를 부끄럽게 만들었다. 1992년 한베 수교 당시 베트남 측에서 과거사는 묻지 않겠다고 했다. 1999년 김대중 대통령의 베트남 방문 당시 민간인 피해에 대해서 사과했고, 2017년 문재인 대통령도 베트남 전쟁과 관련하여 유감을 표명하였다.

베트남은 과거의 관계보다 그들의 국익을 더 우선으로 보았다. 베트남이 우리나라나 미국과 손을 잡은 까닭은 무엇일까? 그들은 과거는 잊지 말고 가야 하지만 계속 적대적으로 지낼 게 아니라면 어떤 부분은 화해를 하고, 어떤 부분에서는 공존할 것인지에 대해 우리에게 깨우침을 주고 있다.

우리는 다시금 물어야 한다. 아직도 지속적으로 식민의 관점으로 세계를 바라보고 있지는 않은지 말이다. 지금처럼 적을 만들면서 계속적으로 적대적인 관계를 이어갈 것인지 말이다. 일본도 싫고, 중국도 싫고, 북한도 싫다면 우리는 가장 인접한 주변국 사이에서 어떻게 살아야 할까? 식민의 관점은 피해의식에 사로잡혀 당당한 고래가 되었음에도 자기인식은 새우에 머물러 있는 꼴이 되는 것이다.

우리나라를 표준국가로 내세운다는 것은 누구라도 살고

싶은 나라요, 본받고 싶은 나라라는 의미이다. 우리가 누군가를 존경한다면 그의 인격이나 안목, 식견, 품격에 반해 존경하지 않는가. 우리나라 역시 존경받는 나라가 되어야 하는데 지금과 같은 이웃 관계를 두고 가능할 것인가?

우리 관점에서 봤을 때 중국은 전혀 필요 없는 나라가 아니지 않는가? 미국이 진정 생사고락을 함께 해 온 고마운 나라라고 한다면 미국을 설득할 수도 있어야 한다. 미중 갈등이 격화되어 전쟁이라도 발발하게 되면 어느 나라에도 도움이 되지 않는다. 미국도 싸움이 나면 곤란한데 동맹국을 피해보게 하는 것은 진정한 동맹국이라 할 수 없다. 친구가 당장 죽게 생겼는데, 나 몰라라 하면 친구가 아니지 않겠는가.

친구 같은 동맹국이라면 충분히 대화로 풀 수 있어야 한다. 일본도 중국도 대화로 설득해야 한다. 두 나라뿐 아니라 북한도 설득할 수 있어야 한다. 싸우지 않고도 모두 잘 살 수 있는 길을 찾자고 설득해야 한다.

우리가 동맹국이든 주변국이든 설득을 하려면 표준국가로서 면모를 갖춰야 한다. 그리고 더 이상 식민의 관점이 아닌 다른 관점, '제국의 관점'을 가져야 한다. '제국'이라고 해서 사전적으로 황제가 다스리는 나라를 의미하는 것이 아니다. 제국주의를 연상시키듯 강대국이 무력으로 약소국을 지배하는 형태를 말하는 것도 아니다. 정치적인 개념으로써 추종자들을 끌어들이거나 독보적인 존재, 혹은 중심이 된다는 의미다.

그러므로 더 이상 피해의식에 사로잡힌 식민의 관점에서 벗어나 이미 모든 면에서 최고를 지향하며 대국적으로 세상을 바라보는 제국의 관점을 가진 표준국가로 설득시켜야 한다. 앞서 언급했듯이 우리의 표준국가는 산업화와 민주화가 어우러진 결과물이다. 한강의 기적을 만들어냈던 산업화는 말할 것도 없고, 군부독재와 광주민주항쟁을 거쳤다. 정치 군인이 시민을 학살하는 부끄럽고 아픈 역사도 있었으나, 마침내 민주화운동을 통해 군부독재를 타파하고 민주주의를 성취하였다. 그 민주화의 동력으로 글로벌 '한류 신화'를 만들어낸 우리나라가 명실공히 선진국에 진입하게 된 것이니 현재도 우리나라가 걸었던 길을 걷고 있는 나라에게는 좋은 귀감이 될 만하다.

국가의 성공에 대해 당당히 말할 수 있는 격을 갖췄는데, 식견과 안목은 식민의 관점에 머물러서는 안 된다. 이제는 제국의 관점으로 전체를 바라볼 수 있어야 한다. 일본과의 관계에서도 감정에 매몰될 필요가 없다. 일본이 잘못한 점은 당당히 사과를 받으면 되고, 경제는 경제대로 우리가 얻어야 할 것을 챙기면 된다. 움츠러들 필요가 없다. 허세가 아니라 객관적 사실의 당당함이다.

우리나라는 다른 국가를 침범한 역사가 없다. 식민의 나라가 됐을지언정 다른 국가에 손해를 끼쳐본 적이 없었다. 중국이 일본과 싸울 때도 우리나라 사람들이 만주로 넘어가서 같이 독립운동을 벌였다. 세계가 정상화되는 데에 식민의 시대였음에도 큰 역할을 했다. 2023년 우리나라는 유엔 안전보장이사회 비상임이사국으로 선출됐다. 동북아에서 미국의 영향은 여전히 크지만 이제는 우리도 그 역할을 얼마든지 할 수 있다.

우리나라는 이미 선진국 대열에 있고, 지정학적 조건이란 것도 어느 나라도 함부로 할 수 없을 만큼 복잡한 역학 관계에 놓여 있는 만큼 대외 관계에 있어서 비굴하거나 비겁할 것이 없다. 기존의 묵은 감정의 관계 속에 있는 이들은 친일이든 반일이든 현대의 국제정세에 맞는지 되돌아볼 필요가 있다.

'팍스 코리아',
우리가 만들어야 할 표준국가

부대찌개는 이제 우리나라를 대표하는 음식이 되었다. 전통적인 한식인지를 물어보면 주저하기도 하지만 분명 국민들이 사랑하는 음식 중 하나이다. 물론 부대찌개는 우리의 아픈 역사가 만들었다. 전쟁으로 힘들었던 시절, 미군 부대에서 나온 햄으로 찌개를 끓여 먹으며 배고픔을 달랬던 가난한 나라의 고난이 담겨 있다. 70년 세월이 흘러 이제 부대찌개는 한국인의 정서가 담긴 국민 음식이 됐다. 가난한 나라의 음식이 아니라 전쟁이라는 폐허의 땅에 재건과 희망을 이뤄낸 세계적인 퓨전 음식으로 새롭게 바뀌었다. 곤경과 역경을 이겨내고 위대한 성공을 보여준 한국인을 상징하는 소울 푸드가 된 것이다.

대전환의 시기다. 우리가 직면하고 있는 국내외의 정치와 경제, 지정학적 상황은 관성적인 변화의 단계가 아니라 새로운 대변혁을 가져오고 있다. 지금 상황은 화학에서 말하는 '속도결정단계'Rate determining step로 거대한 변화는 서서히 일어나지 않고 급격하게, 불연속적으로 일어난다. 대전환이라 불리는 격변은 눈 깜짝할 사이에 모든 것을 뒤바꿔 놓고 있다. 진영과 당파만 바라보거나 혹은 스스로 사유하지 못하고 시대정신마저 밖에서 사 오는 '지식도매상'의 관점으로는 시대정신을 정확하게 볼 수 없다.

세계를 바라보는 방식, 살아가는 방식 자체를 바꾸는 대전환의 관점이 필요하다. 부대찌개가 세계적인 퓨전 음식으로 도약한 것처럼 단지 작전과 전략의 구사가 아니라 세상을 보는 나침반과 렌즈를 바꿔야 하는 시대로 가야 한다.

선진국인 한국은 이제 식민지 한국, 개발도상국 한국과 다른 관점을 가져야 한다. 식민의 관점이 아닌 제국의 관점, 선진의 관점을 가져야 한다. 눈높이가 다르면 바라보는 곳이 달라진다. 보는 거리가 달라지고, 넓이와 깊이가 달라진다. 세상을 보는 안목 자체가 달라진다. 그 안목의 크기가 나라의 크기이고, 그곳에서 나오는 관점이 바로 국가가 가야 할 방향이 된다. 선진국가는 식민국가보다 눈높이와 안목이 높은 국가이다. 선진국가는 높은 안목으로 치러야 할 대가와 새로운 책임감을 피하지 않고 다가올 시대를 볼 줄 아는 국가이다.

우리나라는 달라진 시대의 새로운 변화, '뉴노멀'New Norma을 제시하는 국가로 가야 한다. 세계 기준을 따라가는 나라가 아니라 세계가 우리 기준을 따르게 하는 표준국가의 길을 가야 한다. 부대찌개를 세계적인 퓨전 음식으로 만든, '한국적 해법이 세계적 해법이 되어' 세계의 국가들이 따르는 표준의 나라를 시작해야 한다. 문화와 산업을 넘어 시스템과 기준을

전파하는 표준 선도국가로 'Global-KS'Global-Korea Standards 시
대를 열어야 한다.

선진국가의 상은 어떤 국가를 말하는 것일까? 선진국이
된다는 건 패권국의 관점을 이해한다는 것이다. 이제는 어떤
일을 하더라도 국격에 맞는 전략적 포지셔닝이 중요하다. 겉
은 선진국가의 모습을 하고 있으면서 속은 아직도 식민의 관
점에 머물고 있으면 되겠는가. 선진국가를 표방하면서 세계
잼버리 대회 같은 행사 운영을 제대로 하지 못해 부끄러움은
국민의 몫이 되게 하지는 말아야 할 것이다.

'팍스 코리아', 표준국가로 나아가기 위해서는 표준화 전
략이 필요하다. 산업과 제도의 선도와 첨단 시스템 구축이 요
구된다. 이 과정에서 정치 양극화는 가장 위험한 장애가 될
것이다. 다수가 주류가 되는 민주주의 체제 아래서 정치 양극
화는 소수와 약자의 의견은 무시하고 강자의 횡포가 만연해
질 수 있으니 말이다. 이것 아니면 저것이라는 흑백논리가 바
탕이 되는 정치는 바꿔야 한다.

양자역학이 아니라 인간 언어에 문제가 있다고 지적한 덴
마크 물리학자 닐스 보어의 말처럼 지금 우리에겐 표준국가
의 관점을 재구성할 필요가 있다. 양자역학은 세계를 잘 설명
하고 있는데 인간 언어가 그것을 따라잡을 수 없듯 미래표준국
가는 이미 와 있지만 우리의 관점과 생각이 그것을 담지 못하
고 있지는 않는가. 이제는 옛것을 본받아 새로운 것을 만들어
낸다는 법고창신을 넘어 새로움으로 표준을 세울 수 있는 창

신입준創新立準의 시대를 열어야 한다.

지정학이 바뀌고 있다. 이제는 그야말로 패권국가의 안목을 가져야 할 때가 왔다. 힘이 있는 나라에 의존하는 것이 아니라 우리 자체가 힘을 가져야 한다. '리버스 이노베이션' Reverse innovation, 역전의 시대이다. 선진국에서 후진국으로, 대기업에서 중소기업으로 마치 위에서 아래로 물 흐르듯이 전수되던 전통적 혁신의 패턴에서 역발상의 대전환이 이루어져야 한다.

선진국가는 새로운 시대를 여는 역할을 하는 만큼 그 도전에 대한 책무가 있다. 앞선 만큼 뒤를 따르는 이들에게 모범이 되어야 한다. 이 요동치고 폭풍우가 부는 대전환의 시대에 세계를 선도하는 표준국가, 일류국가로의 길을 찾아야 한다. 지금 세계는 '변방의 북소리'에 놀라고 있다. 'K'라는 브랜드가 표준이 되어 '중심부'가 아닌 '변방'이 새로운 변화와 파장의 진원지가 되고 있기 때문이다. 이토록 경이로운 일은 지점이 본점의 표준이 되는 역전의 시대를 맞이하고 있다.

팀 마샬의 《지리의 힘》에서는 "뿌리 깊은 반감 때문에 특정 국가들과 반목하지 말며, 또한 어떤 국가들의 열정적인 접근에도 연루되지 말 것이며, 바깥 세계에서는 항구적인 동맹들과도 일정하게 거리를 두라."는 조지 워싱턴의 퇴임 연설을 인용했다. 한일 갈등도 그 밑바탕에는 세계에서 보이는 국력의 한일 역전에서 오는 일본 주류의 불편함이 담겨 있다고 생각한다. 언제까지 그들을 뒤따라가는 존재가 아니란 점을 인정해야 한다. 우리 역시 더 이상 식민의 관점에 머물지 않고 지배가 아닌 전체를 보며 진정 존경해 마지않는 제국의 관점으로 인식을 전환해야 한다.

지금 우리나라는 산업화, 민주화를 거쳐 전례가 없는 시대를 맞이하고 있다. 로버트 프로스트의 〈가보지 않은 길〉처럼 누구도 가보지 않은 길이 시작되고 있다. 우리나라만의 창조와 혁신의 기준을 만드는 나라의 큰 걸음이 시작되었다.

시대를 제대로 따라가지 못하면 아스팔트 주차장에 떨어진 솔방울과 다를 게 없다. 그런 삭막한 환경 조건에서 솔방울은 결코 나무가 되지 못한다. 하지만 똑같은 솔방울이 숲의 촉촉한 바닥에 떨어져 충분한 햇빛을 받고 비를 맞으면 결국 커다란 소나무가 될 것이다.

윤석열 대통령은 선진국 한국의 첫 번째 대통령으로서 그 무게가 막중하다. 1962년 경제개발 5개년 수립 이래 30년이 지나 중진국으로 들어섰고, 1992년 한중 수교 이후 30년이 지나 선진국이 되었다. 세계 경제 순위 10위, 국력 세계 6위, 군사력 세계 6위, K-문화력 6위가 선진국 대열에 들어선 우리나라의 국가평가지수다.

이제 선진국 한국은 지구촌의 새로운 리더로 떠올랐고, 동시에 책임의 무게도 커졌다. 소프트파워와 하드파워를 가진 새로운 시대의 선도국가로 시작을 알리는 것이다. 2021년은 우리나라가 선진국이라는 타이틀을 공식적으로 인정받은 해이기에 우리 역사에서 다시 한번 새로운 시대를 향한 시작을 알리는 것이고, 2022년은 새로운 시대로 가는 첫해이자, 선진국 한국의 첫걸음이 시작되는 원년으로 기억될 것이다.

이제 우리나라는 불판을 바꾸는 혁신가이자 개척자가 되어야 한다. 30년 산업화와 30년 민주화는 한국의 길이었다. 그렇다면 향후 30년은 한국이 일국적 과제를 넘어 지구적 과제까지 담아낼 수 있는 세계의 길로 나아가는 시간이 되어야 한다. 선진국 한국은 선도자이어야 하고, 표준국가 한국으로 우뚝 서야 한다.

일국에, 민족에 머물지 않고 새로운 세계를 열어야 하며, 새로운 시대의 리더는 지구적 과제를 우리의 과제로 삼을 수 있어야 한다. 그래야 선도국이라 하겠고, 세계의 가장 바른 곳에 서서, 세계의 표준을 보여줘야 한다.

3

표준국가에서
진정한 국익이란 무엇인가?

표준국가의 외교, 서희와 류성룡처럼

　우리 역사에서 가장 뛰어난 외교관을 꼽으라면 단연 고려 시대의 서희를 꼽을 수 있을 것이다. 서희는 당시 동아시아 최강자였던 거란을 상대로 싸우지 않고 언변으로 그들의 군대를 돌려보냈다. 그뿐만 아니라 고구려의 옛 영토까지 얻게 되었으니 서희야말로 가히 최고의 외교관이라 할 만하다. 서희가 외교관으로서 유능한 점이라면 당시 송과 대립하고 있던 거란의 상황에 대해 잘 알고 있었다는 사실이다. 거기다 상대를 대할 때 예의 바르면서도 자신감 넘치는 태도를 갖추었고, 논리 정연한 언변으로 설득한 점은 외교관으로서 서희의 뛰어난 자질을 보여 준다.

　서희의 능력은 현대에서 외교관으로 활동했어도 더 뛰어나면 뛰어났지 전혀 손색없는 능력으로 볼 수 있다. 세계정세를 잘 파악하고 한 나라를 대표하고 있는 만큼 예의를 갖추면서도 당당함을 잃지 않는 태도는 매우 중요하다. 언변만으로 군사를 물러가게 하고 영토를 넓히는 일은 결코 쉽지 않다.

예나 지금이나 외교에서 중요한 지점은 국내외 정세에 대한 파악이다. 세상이 어떻게 돌아가는지, 세력 관계가 어떻게 변화하고 있는지, 쟁점은 무엇인지 등을 알고 그 정보를 바탕으로 나라에 이익이 되는 길은 무엇인지 따져 보고 방향을 잡고 실현해나가야 한다.

지금 우리나라의 외교에서 잘 알아야 할 세계정세는 미중 관계이다. 서로 세계의 패권을 쥐기 위해 팽팽하게 견주고 있으며 세계정세를 주도하고 있는 'G2'Group of Two의 국가들이기 때문이다.

먼저 미국과 중국의 관계에 대해 살펴봐야 한다. 중국은 처음부터 미국과의 관계가 나쁘지 않았다. 냉전 시대에 미국이 대립했던 나라는 소련이었고, 중국과는 파트너 관계를 형성하고 있었다. 중국은 같은 사회주의국가였던 소련을 견제하고 있던 터라 미국과 협력할 수 있었다. 미국은 1979년에 중국과 국교 정상화에 나섰고, 1980년부터는 최혜국 대우를 해주었다. 중국은 미국의 강력한 소비 시장과 자본, 첨단 기술에 의존하며 개혁개방을 성공적으로 이뤄냈다.

중국의 개혁과 개방을 이끈 덩샤오핑이 1979년 미국을 방문하고 돌아와 '흑묘백묘론'을 주장한 것도 그런 선상에 있었다. 흑묘백묘론은 검은 고양이든 흰 고양이든 쥐만 잘 잡으면 된다는 뜻으로 중국 개혁과 개방을 대표하는 말이 되었다.

1989년 천안문 광장에서 민주화를 요구한 학생과 시민들을 중국 정부가 무력으로 진압했던 천안문 사태를 기점으로 중국은 이전까지의 기조를 달리하기 시작했다. 중국은 1990년 미국이 강력한 군사력으로 나선 걸프 전쟁과 1991년 소련의 붕괴 등을 목격하며 어둠 속에서 실력을 기른다는 '도광양회韜光養晦 전략'으로 장기전에 돌입했다. 미국을 영원한 파트너라 생각하지 않고 의심과 두려움으로 점철하며 기회를 엿보기 시작했다. 그 결과 2002년 중국은 미국으로부터 영구적인 최혜국 대우 지위를 확보하게 이르렀다.

2008년 미국을 중심으로 통화 및 금융 패권은 물론, 미국이 수출하던 신자유주의체제 자체에 커다란 균열을 냈던 세계 금융위기를 계기로 중국은 새로운 모습으로 등장했다. 중국이 미국과 함께 세계 질서를 이끄는 G2로 부상하게 된 것이다.

일대일로一帶一路는 중국이 지금도 추진 중인 신新실크로드 전략으로, 35년 간2014~2049 중앙아시아와 유럽을 잇는 육상 실크로드일대와 동남아시아와 유럽, 아프리카를 연결하는 해상 실크로드일로를 이루겠다는 구상이다. 중국은 일대일로가 지나는 국가들에 철도와 항만, 고속도로, 통신, 에너지 등 여러 분야에 걸쳐 거대한 인프라 투자를 하고, 그 대가로 영향력을 행사하며 지역적 패권을 만들어내고 있다. 중국은 지정학적 이점을 살려 자신만의 질서를 구축하여 아시아에서 더 이상 미국이 필요없게끔 하겠다는 선언까지 하게 이르렀다.

중국의 자신감은 2023년 7월에 베이징을 방문한 헨리 키신저 전 미국 국무장관을 만난 왕이 중국공산당 외교담당 중앙정치국 위원의 말에서도 찾아볼 수 있다. 키신저는 외교의 귀재로 불리며 닉슨 정부에서 미국 외교의 중심에 있었던 인물이다. 왕이 위원은 과거 중국과의 외교 관계에서도 중심이 되었던 키신저에게 중국을 개조하려는 시도는 불가능하며, 중국을 포위하고 중국의 발전을 억제하려는 것은 더욱 불가능하다고 강조했다. 그러므로 미중 관계 회복을 위해서는 미국의 노력이 필요하다는 입장을 피력했다.

중국의 이런 자신감을 그저 허세라고 치부할 수 없다. 중국 정부의 양자 기술 투자는 세계 최대 규모이기 때문이다. 물론 중국이 투자하고 양성하는 것은 양자 기술만이 아니다. 중국은 양자 정보 기술 관련 기초 과학과 시스템 개발 역량을 빠르게 향상시키고 있는데, 양자 기술에서 중국의 특허 출원 점유율은 52.3%나 된다. 향후 이 기술력을 바탕으로 미래 핵심 기술을 장악한다면 중국은 세계 경제에서 가장 영향력 있는 존재가 될 것이다.

그런 점을 의식해서 미국은 디커플링으로 중국 고립 전략을 펼쳤던 것이다. 자칫 세계의 패권을 중국에 빼앗길 수 있다는 불안감으로 트럼프 정부에서 시작해서 바이든 정부까지도 이어졌다. 이는 미중 간 무역 전쟁과 첨단 기술 패권 경쟁을 촉발시킨 주요 원인이 되었다.

2023년 8월 중국 화웨이는 중국 SMIC가 7나노미터 공정으로 자체 생산한 반도체가 사용된 스마트폰을 출시했다. 미국은 중국의 반도체 미세화 기술 수준이 14나노 정도라고 알고 있었고, 그 수준에 맞춰 규제하고 있었다. 국제반도체로드맵ITRS은 반도체 공정이 전 세대 대비 30%씩 계속 줄어드는 걸 기준으로 이름을 붙이는데, 14나노-10나노-7나노 식이다. 중국의 7나노 반도체 개발은 14나노 수준에서 중국의 반도체 개발을 멈추게 하려고 했던 미국의 각종 규제가 무력화된 것과 마찬가지라서 미국으로선 충격을 받을 수밖에 없었다.

미국의 규제로 최신 기술이 아닌 기존의 기술을 가지고 오랜 공정을 거쳤지만, 자체 기술로 생산했다는 점에서 우려하지 않을 수 없게 되었다. 지금은 스마트폰에 불과하지만 향후 그 기술을 바탕으로 인공 지능이나 군사용으로 필요한 첨단 반도체를 해당 기술로 생산할 수도 있어 미국은 긴장하게 되었다.

여기에서 우리가 짚고 넘어갈 점은 이 화웨이 신형 휴대폰에 SK하이닉스의 메모리 반도체가 사용되었다는 것이다. 미국은 지난 2020년부터 미국 기술을 사용 중인 기업이 화웨이에 제품을 공급하지 못하도록 규제하고 있는데, SK하이닉스는 자사 제품이 사용됐다는 사실을 인지하고 미국 상무부 산업안보국에 신고했다고 밝혔다.

한국 반도체 기업이 중국 휴대폰에 자사의 제품이 사용됐다고 해서 자발적으로 미국 정부에 신고하고 처분을 기다려야 하는 상황을 우리는 어떻게 받아들여야 하는 걸까? 우리 기업에서 생산한 반도체를 중국이든 어디든 판매하는 것까지 미국의 승인을 받아야 하는 건가? 이는 명백한 주권 침해가 아닌가. 수조 원을 투자해서 중국에 지어 놓은 우리의 반도체 공장들이 미중의 이해관계 속에서 그저 속수무책으로 손해를 입어야하는 것인지 답답함과 분노를 넘어 깊은 외교적 지혜가 요구된다.

그런 점에서 우리 정부가 미국 아니면 중국이란 식으로 선택하는 것은 매우 위험하다. 우리에겐 미국도 필요하고 중국도 필요하다. 우리의 상황이 지리적 요소인 지정학적이든 기술적 요소인 기정학적이든 '새로운 트라이앵귤레이션'의 각도로 바라보고 우리의 국익을 추구해야 한다. 식민의 눈으로 바라보면 미국도 중국도 그저 두려울 수 있지만, 제국의 눈으로 바라보면 오히려 우리에게 기회로 작용할 수 있다. 송과 거란의 틈새에서도 우리에게 유리한 점을 찾아 영토를 넓혔던 서희라는 롤 모델이 우리에게 있지 않는가.

그렇다면 한미일 정상회의를 통해 한국의 주변 상황이 어떻게 변화되었는지 살펴보자.

2023년 8월 18일, 한미일 정상회의에서 '캠프 데이비드 정신: 한미일 정상회의 공동성명'을 발표했다. "연례적으로 3국 정상, 외교부 장관, 국방부 장관 및 국가안보보좌관 간 협의를 가진다."라든지 "3자 훈련을 연 단위로, 훈련 명칭을 부여해 다영역에서 정례 실시하고자 한다." 등에서 '한미동맹과 미일동맹 간 전략적 공조를 강화하고, 3국 안보 협력을 새로운 수준으로 끌어올릴 것'이라는 게 중점으로 볼 수 있다.

공동성명에서 일본과의 공조라면 "북한 미사일 경보 정보가 실시간으로 공유되도록 하고자 하며, 증강된 탄도 미사일 방어 협력을 추진할 것"이라고 했다. 민감한 군사 정보의 공유를 확대해 나간다고 했는데, 이 정도면 군사동맹에 가까운 관계라고 볼 수 있다. 그렇다면 우리는 북한과의 문제에 있어서 안보가 확보되어야 한다. 하지만 북한은 보란 듯이 8월 22일 일본에 군사 정찰에 이용 가능한 인공위성을 발사하겠다고 통보했고, 이틀 뒤 실제로 정찰위성을 발사했다. 북한은 자신들이 하고 싶은 것을 저지받는 상황이 아니라는 것이다.

3국 협력으로 미국은 동아시아에서 중국을 봉쇄할 연대 세력을 얻었고, 일본은 대중국 견제의 최전선에 있다가 한국이라는 방패가 생긴 셈이라는 전문가들의 평이 공감될 수밖에 없는 상황이다. 그들 사이에서 우리나라는 무엇을 얻었는지 모르겠다는 한탄이 나오는 게 당연하다. 일본은 3국 정상회의를 마치고 한국과 미국 정상의 묵인을 동의로 간주하여 후쿠시마 원전 오염수를 방류했다.

공동성명은 결국 미국이 원하는 대로 중국을 겨냥했다. "남중국해에서의 중화인민공화국의 불법적 해상 영유권 주장을 뒷받침하는 행동과 관련해 인도·태평양 수역에서의 어떤 일방적 현상 변경 시도에도 강하게 반대한다."거나 "대만에 대한 기본 입장은 변함이 없으며, 양안 문제의 평화적 해결을 촉구한다."는 기존 입장을 3국 정상의 입장으로 촉구한 것이다. 반면 북한에 관해서는 "핵·미사일 프로그램을 포기할 것을 촉구한다."거나 "모든 유엔 회원국이 모든 관련 유엔 안보리 결의를 완전히 이행할 것을 촉구한다."는 기존 입장을 밝혔을 뿐이다. 우리 입장에서는 크게 달라지거나 진전된 것이 없었다.

윤석열 대통령은 미일과의 협력 강화를 통한 대북 억제를 강조해 왔는데, 정상회의 이후로도 북한은 달라진 게 없고 우리만 미국과 일본의 방패막이 되어주고 양보만 한 모양새이다. 우리가 얻은 것은 안보와 경제 불안이다. 공동성명 발표 후에 중국은 "한반도에 미국의 핵무기를 배치하는 것은 중국, 러시아, 북한에 극도로 위험하고 도발적인 행위"라며 오히려 한국이 세 나라의 보복에 직면할 수 있다고 경고했으니 말이다.

"금일의 사세는 이미 십분 위험과 핍박이 이르러 다시 손댈 곳이 없습니다. 오직 중국 구원병이 오기를 날마다 바라고 있으나 늦어져서 오지 않는 가운데 벌써 세모가 다가왔습니다. 대체로 우리나라가 중국을 위하여 충성을 바친 것은 이미 지극하였습니다. 이번에 화란을 당한 것도 생각한다면 중국 때문인데, 중국이 급히 서로 구조하지 아니하여 천하의 난리를 열었습니다. 가령 중국에 인물이 있어 일을 도모하였다면, 이와 같지 않을 것입니다."

임진왜란 당시 오늘날로 치면 국무총리와 총사령관 역할을 담당했던 류성룡이 선조에게 급박한 상황을 전하는 장계의 일부이다. 류성룡은 선조에게 전쟁의 책임이 중국에 있는데 왜 우리가 화란을 당해야 하며 빨리 구조하지 않느냐고 했다. 속수무책으로 당한 조선의 현실과 치욕스러움까지 직면했을 류성룡의 글이다.

실제로 류성룡은 "내가 지난 일의 잘못을 징계하여 뒤에 환난이 없도록 조심한다."는 의도에서 임진년의 참혹한 전쟁을 기록한 《징비록》을 저술했다. 그는 자신이 "나라의 중대한 책임을 맡아서, 위태로운 판국을 바로잡지도 못하고, 넘어지는 형세를 붙들어 일으키지도 못했으니, 그 죄는 죽어도 용서받을 수가 없을 것"이지만 그 죄를 나타내기 위해 그 일을 저술한 것이라 했다.

아직 우리나라는 중국처럼 글로벌 거버넌스를 주도할 만큼 강대국의 위치까지는 아니다. 그래도 중국을 향해 동북아의 지역 안정을 위해 목소리를 낼 수 있는 리더십이 있다. 우리가 지정학적 긴장을 고조시키는 동북아가 아닌 지역 안정과 균형의 역내 질서를 위해 주도적인 목소리를 낼 필요가 있다. 《오만과 편견》에서 제인 오스틴의 말처럼 "편견은 내가 다른 사람을 사랑하지 못하게 하고, 오만은 다른 사람이 나를 사랑할 수 없게 만들" 듯이 우리나라의 외교는 오만과 편견에 빠지지 않고 당당하고 진심과 존중이 담긴 태도로 임해야 한다.

우리가 동북아에서 국익을 얻는 방법은 멀리 있지 않다. 일본과 중국의 외교에서는 있는 그대로의 크기로 보고 현실을 직시하며 대면해야 한다. 안보도 자기의 주장을 펴는 성숙한 외교의 자세가 요구된다. 편협하고 배타적인 민족적 감정으로는 동북아 외교 방향을 따라잡지 못하며 미중 패권 경쟁이라는 파도에 휘말릴 뿐이다.

그러므로 동북아시아 지역 안정과 재균형을 위해서는 통속적인 이해와 포퓰리즘에 영합하는 편협하고 경직된 사고를 바꿔야 한다. 국익은 목소리와 제스처를 강하게 한다고 얻는 게 아니다. 깊은 생각과 정확한 분석으로 다가서야 한다. 민족적 감정으로 동북아의 정세를 바라보는 건 역사 인식에도, 외교에도 아무런 이익을 주지 않는다.

특히 미중 패권 경쟁에서 우리의 상황은 미국과의 관계에서 자유로울 수 없으면서도 경제적인 면에서 중국을 저버릴 수 없는 '중간크기 강국'Midsize powers 영국의 고민과도 맞닿아 있음을 기억하자.

표준국가에서 외교는 무릇 고려의 서희나 조선의 류성룡 같아야 한다. 외교에 임할 때는 세계정세에 대해 정확한 분석과 대응할 안목을 갖추고, 국익을 우선으로 두고 당당하게 나서야 한다. 그 과정에서 과오를 저지를 수 있으나 잘못을 인정하고 국익에 최대한 도움이 되도록 개선하면 되는 것이다.

표준국가의 경제, 산업, 기술경쟁력의 우위를 선점하라

프랑스 영화감독인 장 자크 아노의 〈불을 찾아서〉라는 영화가 있다. 제법 오래된 영화로 문명이란 무엇인가를 생각해 보게 한다. 영화의 배경이 되는 8만 년 전 미지의 세계에서 인간에게 불이란 어떤 의미였을까? 그 당시 불이란 힘이자 생존이었다. 불을 가지고 있는 부족보다 불을 피울 줄 아는 부족이 문명에 앞섰다는 것은 당연하다.

아주 오랜 옛날 불을 다룰 줄 아는 부족이 문명을 이끌어 나갔던 것처럼 현대에서도 과학 기술이 앞선 나라가 힘을 가지기 마련이다. 18세기 영국에서 시작된 산업 혁명이 기술 혁신을 통해 사회 경제적으로 커다란 변화를 가져왔는데, 아직도 회차를 거듭하며 산업 혁명은 지속 중이다.

미국의 공학자이자 행정가이며 아날로그 컴퓨터를 발명해 오늘날 인터넷과 하이퍼텍스트의 발전에 영감을 준 버니바 부시는 과학 발전, 기술 발전의 중요성에 대해 강조했다. 1945년 7월에 펴낸 '과학-끝없는 프론티어'Science The Endless Frontier라는 보고서에 과학의 진보로 좋은 일자리, 국가 안보,

보건 의료, 공공복리와 삶의 질 향상에 기여할 수 있는 정책 제안이 담겨 있다.

2차 세계 대전의 전세를 바꾼 레이더 기술은 실리콘밸리의 아버지라 불리는 프레더릭 터먼 교수가 이끄는 연구소에서 개발되었다. 터먼 교수는 버니바 부시와 사제지간으로 연결되어 있다. 부시는 루스벨트 대통령을 설득해 전시 과학 기술 개발을 총괄하는 과학연구개발국OSRD을 세우고, 미국이 과학 기술 기반 전쟁 승리를 가능하게 하는 핵심 역할을 했다. 미국이 세계에서 과학 기술을 선도해 나갈 수 있었던 것도 부시의 영향이라고 할 수 있다.

이렇듯 버니바 부시에 의한 명실상부한 기술패권국가로 들어선 미국은 1957년 세계 최초의 인공위성인 소련의 스푸트니크 발사로 대충격에 휩싸였다. 이내 기술 패권에서 밀리고 있는 상황을 타개하기 위한 전략으로 냉전의 구도를 지정학적 경쟁으로 강화했다. 그리고 조지 케넌의 주도 아래 소련의 팽창주의 노선에 맞서 봉쇄적 군비 경쟁 강화를 통해 경제력을 소진시킨 결과, 최종적으로 소련의 몰락과 미국의 패권이 승리를 거두었다. 불과 35년 만의 일이었다.

버니바 부시의 과학연구개발국은 DARPADefense Advanced Research Project Agency, 방위고등연구계획국로 발전했다. 미국의 과학 기술과 연구, 첨단 기술 분야의 중심인 기관이다. 실리콘밸리의 성공과 MIT의 도약은 물론 세상을 바꾼 압도적 기반 기술들이 DARPA의 연구에서 시작됐다. DARPA의 주 업무는 군사용 신기술 개발이지만, 인터넷알파넷, 마우스, 전자 레인지, GPS, 탄소섬유, 수술 로봇, 드론, 음성 인식 기술Apple Siri, 자율 주행차 등 셀 수 없이 많은 혁신적 아이디어 제품을 산출해 냈다. 부시에게서 시작해 대학을 중심으로 확산된 과학 기술 혁신의 민군협력과 관련 첨단 안보 기술의 민영화에 그 핵심이 있다고 해도 과언이 아니다. 특히 미국 국방 분야의 임무 지향형 개방형 R&D 시스템인 DARPA가 중요한 역할을 한다.

버니바 부시에게 주목할 점은 국가주도형 과학 연구·개발 프로젝트를 평화로운 과학기술정책으로 활용하여 국가와 사회 발전에 공헌해야 한다는 제안이다. 이를 바탕으로 1950년 미국은 과학 연구비를 각 연구 프로젝트에 배분하기 위한 국립과학재단NSF을 설립하게 된다. 정부가 과학 연구 자금을 지원하고 프로젝트를 진행하는 '부시주의'는 전 세계 과학정책의 기본이 되었다.

자원이 넉넉하지도 않고 전쟁까지 치른 우리나라는 1953년 대비 60년 만에 GDP 3만 배 상승을 기록하고 선진국 대열에 들어섰다. 엄청난 성과를 낼 수 있었던 바탕에는 인재 기반의 과학기술력과 산업경쟁력이 있었다. 앞으로도 표준국가의 경제 기반에 없어서는 안 될 과학기술력이다. 치열한 기술 패권 경쟁과 글로벌 공급 사슬 붕괴와 재편, 4차 산업혁명 등 격변하는 위기와 기회가 혼재하는 초불확실성 시대, 과학 기술 혁신을 통한 경제 안보는 국가 생존과 위상을 좌우하는 변수라는 점을 인식해야 한다.

바야흐로 기술이 지배하는 '팍스 테크니카Pax Technica 시대'에 있는 만큼 기술 기반의 경제 안보에 중점을 두어야 한다. 미중의 패권 전쟁도 결국 기술 전쟁이니 말이다. 우리나라의 숙명적인 지정학적 조건을 극복할 수 있는 길도 결국엔 당대의 대체 불가 기술 등 기술경쟁력을 확보하는 기술 정치학적 전략에 있다고 해도 과언이 아니다.

사실 현대 들어 지정학적 갈등이란 기술적 경제적 요인과 밀접하게 연결된다. 즉 지정학은 지경학과 지기학을 동시적으로 접근해야 한다. 기술 패권은 지정학 갈등의 매우 중요한 요인인 것이 기술 패권을 무마하기 위해 지정학적 갈등과 문명이 충돌하기 때문이다. 심지어는 자유주의 가치를 내세우는 것 하며 과학 기술의 선도적 지위가 강대국의 새로운 국제 질서를 가져올 수 있다.

그러므로 지정학적 경쟁의 원인을 알기 위해서는 과학 기술의 패권 경쟁 추이를 함께 살펴보는 게 중요하다. 현재 일어나고 있는 패권 경쟁의 이면에는 정치적 경제적 갈등의 근본 원인인 기술 패권 경쟁이 핵심이다. 아직까지 진행 중인 러시아와 우크라이나의 전쟁 또한 그런 연장선 위에 있다고 볼 수 있다.

구소련 등 공산권 국가들이 북대서양 조약 기구나토, NATO에 대항해 1955년 만든 지역 안보 기구였던 바르샤바 조약 기구는 소련과 동유럽의 자유화에 따라 1991년 해체되었다.

그 바르샤바 조약 기구 국가들 가운데 러시아만 빼고 모두 나토와 유럽연합에 가입했다. 나토 군대와 미군에 둘러싸인 지정학적 압박감에서 러시아가 우크라이나와 전쟁을 벌였다는 견해가 있다. 하지만 지정학적 압박은 기술동맹까지 이어지면 버텨내기 쉽지 않다. 러시아가 우크라이나를 침공하자 유럽연합과 미국이 발 빠르게 첨단 기술의 러시아 수출을 통제한 기술동맹이 그 이유다.

과학 기술은 글로벌 패권 경쟁의 승패를 좌우하는 주요 요인이 되면서 기존 지정학 대신 기정학技政學, techno-politics에 기반한 새로운 질서로 자리하고 있다. 미국이 우크라이나에 고속기동포병로켓시스템HIMARS의 첨단 무기를 지원하여 주요 표적에 정밀 타격하자 러시아군은 고전을 면치 못하고 있다.

이렇듯 기술 패권 경쟁을 이해하지 못하면, 지정학은커녕 지경학조차 알 수 없게 된다. 기술의 속도는 국가의 속도가 되었고, 기술의 크기는 국가의 크기가, 기술의 높이는 국가의 높이가 되었다. 신흥국 일본이 무라타 소총으로 패권국인 청나라를 제압한 것처럼 기술의 차이가 국력의 차이가 되는 시대가 다시 도래했다. 지정학은 움직일 수 없는 땅이라면 지경학은 지리와 함께 경제도 영향을 미친다는 사실이다.

카이스트가 2015년부터 발간하고 있는 《카이스트 미래전략 2023》에서는 이러한 시대 변화를 중점적으로 다루고 있는데, '기정학의 시대, 누가 21세기 기술 패권을 차지할 것인가'라는 주제에 잘 나타나 있다. "우리나라는 미국과 중국 간 기술 패권 경쟁의 한가운데에 서 있다."며 "반도체·배터리·통신 분야에서 첨단 기술력을 놓치지 말아야 하고 기술 주권을 지켜야 한다."고 이광형 카이스트 총장은 서문에서 강조했다. 앞으로 우리나라가 표준국가로 나아가는 데 있어서 기술 주권은 매우 중요하다는 점에서 충분히 공감할 만하다.

우리나라 경제 관련 전문가들은 앞으로는 자강력으로 생존을 보장해야 하는데, 산업 기술 경쟁력 혁신이 국가 생존 방정식의 상수가 되어야 한다고 주장한다. 재정경제부 차관, 산업자원부 장관을 역임한 정덕구 니어재단의 이사장이 강력하게 제시하는 방안이다. 그는 전 세계가 산업정책 경쟁을 벌이는 시대로 가고 있으니 우리나라 역시 독자적인 원천 기술, 핵심 기술, 틈새 기술을 갖춰야 한다고 강조했다.

앞에서 언급했지만, 미국은 중국 기술의 급속한 부상과 확산을 우려하며 현 상황을 '민주주의 대 권위주의' 간 중대한 대결로 규정하며 첨단 기술을 이용한 권위주의의 확산을 억제하기 위해서는 자유민주주의국가들의 연대와 중국을 첨단 기술에서 따돌리는 디커플링 전략으로 대응해야 한다고 했다. 하지만 중국이 세계 반도체 시장의 3분의 1을 차지하다 보니 미국 기업도 중국 아니면 그만한 시장이 없다. 실제로 미국과 보조를 맞춰 중국을 체제적 라이벌로 규정해온 유럽연합의 태도도 같은 이유로 달라질 수밖에 없었다. 그래서 디커플링이 아니라 위험 줄이기의 디리스킹으로 변화하고 있다. 미국 또한 디리스킹 전략에 동조하고 있다. 우리 역시 미국과 동맹 관계를 유지하되 중국과는 불필요한 외교 마찰을 줄이며 전략적 소통을 강화하는 '한국판 디리스킹' 전략으로 관계를 맺어야 한다.

외교 관계는 우리의 국익에 도움이 되도록 하되 궁극적으로는 우리만의 독자적인 산업 기술을 개발해야 한다. 즉 반도체 패권을 쥘 수 있도록 산업 기술의 경쟁력을 가져야 한다. 최근 미국이 일본의 반도체 공급망을 확대·강화시켜주려 하기 때문이다. 지정학이 아닌 지경학에서 우위를 선점하는 게 필요하다.

대만이 중국의 위협에서 자국을 보호하는 힘이 TSMC가 주도하는 반도체 산업에서 나온다는 '반도체 방패'를 가지고 있듯이, 우리나라도 경제적 방패의 확대와 강화가 필요하다. 글로벌 공급망에서 핵심 기술을 소유해서 지정학적 덫으로부터 탈피해야 한다. 지정학적 덫을 선도 기술 방패로 보완해야 표준국가의 안보를 굳건히 할 수 있다.

사드로 인한 중국의 한한령에서 사실 미국의 안보 위협은 명분에 불과했다. 실상은 산업 테이퍼링, 즉 중국 내에서 차지하는 우리나라 기업에 대한 경제적 규제를 통해 중국 기업을 지원하는 중국 산업 발전정책의 적용이었다. 삼성 스마트폰, 현대 자동차, 가전 산업, 전기 자동차, 배터리 산업 등 중국이 기술력을 따라잡은 분야와 전략 산업 분야에서 우리나라를 배제하기 위한 중국 정부의 경제 안보 대응으로 이해해야 한다.

그런 점에서 윤석열 정부의 2024년 예산안에서 연구 개발R&D 예산을 1년 전보다 16.6% 삭감한 25조 9,000억 원을 편성했다는 점은 매우 우려할 만하다. 윤석열 대통령이 국가 재정전략회의에서 'R&D 카르텔'을 언급하며 "나눠먹기식, 갈라먹기식 R&D는 원점에서 재검토할 필요가 있다."고 지적한 후에 벌어진 일이다.

2006년 노벨 물리학상을 수상한 조지 스무트 홍콩과학기술대 교수는 코엑스에서 열린 노벨 프라이즈 다이얼로그 2023 기자간담회에서 "한국은 천연자원 없이 인재 교육과 과학 기술 투자를 통해 경제 대국으로 성장했다. 경제 발전을 위해서라도 기초 과학을 지원해야 한다."고 지적했다. 다른 노벨상 수상 석학들 역시 과학 기술로 성장한 한국이 R&D 예산을 줄이면 큰 타격을 입을 것이라 지적했다는 점을 고려해야 한다.

전 세계가 기술 패권 경쟁의 시대에 진입하고 있으며 다시 과학 기술이 경제를 안보와 결합시키는 경제 안보의 핵심으로 돌아오고 있다. 이런 상황에 우리나라는 부시, 터먼, KIST의 정신이 계승되고 있는가? 2021년만 해도 우리나라의 국가 연구 개발 예산은 27조 4,000억 원이었다. 국내총생산 대비 연구 개발 예산이 전 세계 최상위를 차지하고 있었다. 그런데 R&D 예산을 축소한다는 것은 세계의 변화와 거꾸로 가겠다는 의지가 아닌지 의심스럽다.

아울러 R&D 투자 규모가 크면 클수록 미래 경쟁력 확보에 도움이 되겠지만, 새로운 접근도 필요하다. 각 R&D 주체 간 조화와 협력을 통해 흩어진 자원을 경제 안보 차원에서 집중하고 미래 경쟁력을 좌우할 전략 기술의 효율적 육성에 나서야 한다. 우리가 그리는 미래 달성을 위한 임무 중심의 R&D 전략을 수립하고 국내 혁신과 장기적 기술 발전을 위해 힘을 모을 때다.

기술 혁신 덕분에, 오늘날의 도전은 전후의 도전과 크게 다르다. 새로운 기술들이 전례 없는 방식으로, 그리고 전례 없는 속도로 지구를 변화시키고 있다. 기술 발명품들은 세상을 훨씬 더 상호 연결되게 하고 지정학적 이점을 결정짓는 요인들을 근본적인 방법으로 바꾸고 있다. 점점 더, 최신 기술과 데이터는 국력의 주요 원천이 되고 있다. 그것들은 무형적이고, 보고 이해하기 어렵고, 종종 정부가 아닌 회사들에 의해 만들어지고 통제된다. CIA와 다른 정보 기관들에게 21세기의 지정학적 위험과 역학을 이해하는 것은 20세기보다 훨씬 어려울 것이다.

두 개의 나라,
표준국가에서는 어떻게 공존할까?

1953년 7월 27일 한국 전쟁 정전협정이 체결되었으니 2023년은 정전 70주년이 되는 해다. 한반도는 여전히 분단된 상태인데, 남북 간에 이전과는 다른 방식의 관계 변화가 일어나고 있다.

2023년 정전 70주년을 앞두고 북한의 김여정은 주한미군 정찰기 활동 비난 담화를 내놓으면서 '대한민국'이라는 표현을 사용했다. 대한민국을 대한민국이라고 부르는 것이 뭐가 잘못되었느냐고 반문할지 모르지만, 이 표현은 매우 정치적이고 민감한 표현이라고 할 수 있다. 북한에서는 공식 문서를 제외하고는 한 번도 '대한민국'이라는 표현을 사용하지 않았기 때문이다. 북한은 그동안 일상적으로는 '남조선', 비방할 때는 '괴뢰 남조선', '괴뢰 정권'으로 표현했다.

활자로 확인할 수 있는 조선중앙통신이 김여정의 담화에서 "《대한민국》의 합동참모본부", "《대한민국》 족속"이란 표현을 썼다는 점에 주목할 필요가 있다. 강조의 의미를 담는 용도인 겹화살괄호《 》를 사용했다는 것은 공식적인 표명과도 같다. 그간 북한은 남한에 대해 같은 민족이자 통일의 대상으로 보았기에 '남조선'이라고 했다면 '대한민국'이라는 표현은 엄연히 별개의 다른 국가로서 대응했다고 볼 수 있다.

그리고 이는 사전 예고이기도 했다. 이 담화는 김여정이 친오빠인 김정은 국무위원장의 '위임'을 받아 발표한 담화였는데, 뒤를 이어 김정은 또한 '대한민국'이라는 표현을 사용했다. 캠프 데이비드 한미일 정상회의에 대해 "미국과 일본, 《대한민국》깡패 우두머리들이 모여앉아 3자 사이의 각종 합동 군사 연습을 정기화한다는 것을 공표하고 그 실행에 착수했다."고 비난했다. 김정은은 최고지도자로서는 처음으로 《대한민국》이라는 호칭을 사용한 것이다. 이로써 북한은 정전협정으로 분단된 특수 관계보다는 '두 개의 한국'Two-Korea 이라 구분하면서 적대적인 나라로 규정했다고 볼 수 있다.

2014년 5월 14일의 북한 보도에서는 "《대한민국》이 조선 봉건 왕조 말기의 국호를 본 딴 것"이라고 폄훼했었다. 정상적인 주권국가로 한 번도 인정해 본 적이 없고, 남조선 땅은 필요하지만 그 안의 괴뢰들은 처단해야 한다는 입장을 표명했던 북한이었다. 이제는 민족이라는 여지없이 하나의 국가로 인정해서 대적하겠다는 의지를 표명한 것이나 다름없다.

한국과 미국을 향한 북한의 핵·미사일 실전화가 이뤄지면서, 통일하자는 같은 민족에게 핵을 사용한다는 것이 자기모순으로 보일 수 있어서 국가 대 국가로 설정했다는 분석도 있다. 민족보다는 국가로 설정해 놓는 편이 자신들의 약함을 가릴 수 있다는 분석도 있다. 통일에 대해서도 배제는 하고 있지 않은 것처럼 보이지만 눈 가리고 아웅하는 정도밖에 되지 않는 것으로 보인다.

최근 북한의 행보를 보면 매우 적극적인 외교를 펼치고 있음을 알 수 있다. 전승절을 전후로 중국과 러시아를 넘나들고 있다. 중국 당정 대표단과 만남으로 국제정세에 주동적으로 대처하겠다고 밝혔다. 우크라이나와 전쟁 중에 있는 러시아와는 더 긴밀히 교류하고 있다. 북한의 중러 관계에서 변화라면 전통 혈맹 관계였던 중국보다 러시아에 더 보조를 맞추고 있다는 점이다. 아무래도 우크라이나 전쟁으로 서방과 정면으로 대립하는 러시아와 밀착을 통한 군사 분야 협력으로 자신들의 이익을 얻겠다는 심산이라는 게 전문가들의 분석이다.

북한은 중국과 러시아와 협력으로 지금보다 더 우리나라에 위협적인 존재가 될 것이다. 북중 협력은 북한만이 아니라 필요에 따라서는 중국 역시 우리나라를 압박할 수도 있다는 점에 우려가 된다.

외교·안보 싱크탱크 마라톤 이니셔티브의 대표이자 전 미국 국방부 전략군사 부차관보를 지낸 엘브리지 콜비는 최근 우리나라의 여러 언론사와 인터뷰에서 인도·태평양 권역에서 "한국의 최우선 안보 의제는 북한이겠지만 미국으로선 중국이다."는 점을 밝혔다. 세계 패권을 중국에 빼앗기지 않으려는 미국 입장에서는 우리나라의 불안한 상황이 우선이 아니란 말이다. 물론 한미 양국이 협력 관계에 있으니 이해관계 차이를 인정하고 함께 군사 전략을 짜야 한다고 했다.

지금까지 한반도에 주둔해 있는 미군의 최우선 임무는 대북 억제에 맞춰져 있었다. 게다가 한중 관계도 있고 해서 대만의 유사시 상황과는 별개로 두고 있었다. 그런데 최근의 국제정세가 미중 갈등이 첨예화된 상황에 중국의 대만 침공 우려까지 있다 보니 주한미군이 그 역할을 대북 억제로만 한정 짓지 않을 가능성이 높아진다고 하겠다.

그렇다면 대만의 문제가 우리에게는 어떤 영향력이 있을까. 대만은 대륙과 해양을 잇는 지정학적 요충지이기도 하지만 첨단 반도체 공급망의 중심지라 세계 패권 다툼의 주역인 미중 모두 자기 영역에 두고자 한다. 중국은 예전부터 대만을 일국양제—國兩制로 자기 영역으로 포함하려는데, 대만은 독립 의지가 확고하다. 미국 역시 중국을 견제하고 있는 상황이라 대만을 포기하지 않고 있다. 전문가들은 만일 이 지역에 전쟁이 일어난다면 우크라이나와 러시아의 전쟁보다 훨씬 파급력이 클 것이라 예상하고 있다.

그래서 미국은 대만의 유사시에 2021년에 발표한 '전략적 유연성'이라는 명목으로 주한미군을 파견할 가능성이 매우 크다. 오산과 군산에 주둔하고 있는 미 공군 전력의 경우 약 1시간 내로 대만 근처에 도착해 작전을 수행할 수 있기 때문이다. 만일 주한미군이 대만에 투입된다면 중국은 오히려 북한의 도발을 유도해 주한미군의 대만 파병을 막으려 할 가능성도 높다고 예상되고 있다. 물론 전면전이 아닌 국지적으로 북한이 서해 5도에 대한 포격 도발 등을 감행하면서 미군의 관심과 전력을 분산시킬 수 있다는 것이다.

중국이 대만을 침공한다면 우리로서는 북한의 도발만이 문제가 아니다. 중국의 해상교통로가 봉쇄된다면 공급망에 문제가 생기고, 미국과의 동맹 관계로 한국군이 참전이라도 하게 된다면 중국은 경제 보복 등을 들고 나와 우리를 압박할 것이다. 군사 안보는 물론 경제 안보에서도 엄청난 영향을 끼치게 되는 것이다. 중국과 대만의 문제, 미중 갈등, 북중러 협력 등의 국제정세는 우리나라에 불리하게 작용할 가능성이 크다. 중국의 대만 침공 가능성에 대한 타진이나 대만 유사시를 대비한 우리의 대응책 마련이 시급한 상황이다.

2023년 8월 18일에 열린 미국 캠프 데이비드에서 열린 한미일 정상회의를 두고 윤석열 정부는 "한미일 3국 안보·경제협력 역사는 8월 18일 이전과 이후로 나뉘게 될 것"이라며 높은 기대감을 드러냈다. 하지만 회담 후 결과를 놓고 보니 우리 정부가 얻은 성과가 무엇인지 의문 부호를 거듭 떠올리지 않을 수 없다.

미국 바이든 대통령은 동북아시아에서 한미일 협력 강화라는 외교 성과로 차기 대선에서 우위를 점할 명분을 잡았다. 중국 견제를 위한 군사·경제적 부담을 한일과 나누게 되었다는 점에서 가산점을 얻을 수 있었다.

일본 기시다 후미오 총리 역시 후쿠시마 원전 오염수 방류, 미국뿐 아니라 우리나라까지 포괄하는 3국 안보 협력을 통한 '전쟁 가능 국가'로의 전환 등에서 나름의 성과를 얻었다. 3국 정상회담 이후 큰 무리수 없이 원전 오염수를 방류했다는 점에서 그는 오랜 숙원을 이룬 셈이다.

그렇다면 윤석열 대통령은 어떤 성과를 얻었을까? "3국 회의를 통해 북한의 핵·미사일 대응력을 갖췄는데, 안보를 더 강하게 만들어 가고 있다고 평가한다."는 대통령실의 발표는 윤석열 대통령이 취임 이후 미일 정상과 만날 때마다 하는 말과 같은 기조이다. 3국 정상회담에서 윤석열 대통령이 한 일은 미국에는 '전략적 유연성'이라는 명목 아래 한반도의 대비책은 뚜렷하게 얻지 못한 상태로 협력만 외치고 있었고, 일본의 원전 오염수 방출을 묵인한 것이었다. 화려한 말잔치만 있을 뿐 미일이 얻어낸 성과에 비하면 빈손이나 마찬가지이다. 북한의 도발이나 안보 위협이 감소한 것도 아니고, 중국은 노골적으로 불편함을 드러내고 있다.

더구나 북한의 위상이 달라지고 있다는 점에 주목할 필요가 있다. 북한은 미중러 삼각관계에서 변수로 작용하고 있다. 북한은 급변하는 세계정세를 놓치지 않고 자신들의 위상을 드높일 행보에 나선 것이다. 2019년, 불과 4년 전만 해도 러시아는 한반도에서 북한의 대표성을 인정하지 않았는데, 이번 북한과의 회담에서는 버선발로 맞이하는 행색이 되었다.

북한은 미중간의 대결이 격화되고, 러시아와 우크라이나의 전쟁이 장기화되고 있고, 동아시아에서 한미일 준동맹체제가 구축되어가자 중국과 러시아에 손을 뻗었다. 러시아와 경제 협력이나 군사 협력이 이루어지게 되면 북한에 대한 미국의 제재 효과가 자연스럽게 무력화될 수 있고, 러시아 입장에서도 우크라이나 전쟁으로 야기된 서방 제재로 인한 피해를 북한과의 경제 협력으로 해결할 수 있다는 서로의 필요충분조건이 맞아떨어진 셈이다.

북한과 러시아의 협력 관계가 가시화되자 미국은 중국을 찾았고, 중국은 북한과 결속하려는 러시아와 연대하는 카드를 미국에 내밀고 있는 국면이 되었다. 러시아로서도 북한과 관계 변화를 미국과 중국에 내보이며 자신들이 유리한 고지를 선점하려고 하는 것이다. 북한의 위상은 확연히 달라졌다. 이런 가운데서도 우리나라가 어떤 역할도 하지 못하고 있다는 것을 어떻게 보아야 할까.

북한은 이제는 자신들의 위상이 달라진 만큼 우리나라의 관계에서도 아쉬울 것이 없다고 여길 수 있다. 그러니 '남조선'이 아닌 '대한민국'으로 대하는 것이 아니겠는가. 이제는 우리도 북한이 달라진 점을 받아들여야 한다. 하나의 민족이라는 데 방점을 찍을 게 아니라 두 개의 나라라는 점에서 출발해야 한다. 햇볕정책을 개선하고, 북한과 과도하게 적대적일 필요도 없다. 서로 다른 나라라는 점을 인식하고 새로운 관계를 설정하고 한반도 전략을 짜야 한다.

담대한 구상, 담대하지 못한 대북 관계

2019년 북미하노이회담에서 협상이 불발된 후 북미와 남북 관계는 경색되었다. 북한의 미사일 발사로 9·19합의를 위반하며 결국 남북 사이에 다시 대결의 시대를 보게 되었다. 북한은 조 바이든 대통령을 트럼프와 다를 바 없다고 인식하여 대화의 가능성을 열어두지 않고 있다. 최근 김여정의 발언 등으로 볼 때 북한이 보여주는 강경책은 북중러의 전략적 협력 관계 강화라는 '새로운 길'의 일환이다.

북한에 새로운 길이 있다면 윤석열 정부에는 '담대한 구상'이 있다. 담대한 구상은 윤석열 정부가 국제 협력으로 북핵 문제를 풀려는 접근 방식이다. 문재인 정부가 남북 관계에서 해결 주체를 '남북'으로 보았다면 윤석열 정부는 '국제 협력'을 강조한다는 측면에서 상당한 차이가 있다.

윤석열 정부가 추진하려는 담대한 구상의 중점 과제는 바로 비핵화이다. 북한이 비핵화 협상에 복귀하는 1단계에서는 북한의 민생 개선 사업을 추진하고, 2단계 실질적 비핵화에 나서면, 북한의 전기와 항만·공항 또 농업과 의료, 금융 인프라 개발을 지원하는 등의 경협이 있고, 3단계인 완전한 비핵화 달성 시엔 평화협정 체결 등을 통해 북미 관계 정상화와 군비 통제를 추진하겠다는 3단계 방안의 구상이다.

그런데 윤석열 정부의 담대한 구상에 대한 북한의 입장은 비난 일색이다. 김여정 노동당 부부장이 "국민들은 윤석열 저 천치 바보들이 들어앉아 자꾸만 위태로운 상황을 만들어가는 '정권'을 왜 그대로 보고만 있는지 모를 일"이라고 험악한 수준의 맹비난을 퍼부었다. 북한의 입장이 이런 반응이라면 경색 국면을 넘어 단절 그 이상으로 넘어갈 수도 있다. 물론 초반에는 북한의 강한 반응이 어떤 의미로는 자신들의 목소리를 들어달라는 몸부림 정도로 볼 수 있었다. 문제는 이제 상황이 달라졌다는 것이다. 중국과 러시아를 넘나드는 외교로 북한의 몸값이 예전에 비해 올라갔다고 볼 수 있다. 미국이 러우 전쟁으로 인해 북한을 상대할 여력이 없을 때 북한은 오히려 러시아와 우호를 다지며 북중러 관계를 개선했다.

그렇다면 윤석열 정부의 담대한 구상은 여전히 그에 대응할만한 전략인지 묻지 않을 수 없다. 큰 변화가 생긴다면 역시 그에 맞는 전략을 수립해야 한다. 더구나 윤석열 정부는 북중러에 좋지 않은 인상을 남겼다. 2022년 11월 캄보디아 프놈펜에서 열린 제23차 한·동남아시아국가연합ASEAN, 아세안 정상회의에서 윤석열 대통령이 '한국판 인도·태평양 전략'의 기본 방향을 공개했다. 보편적 가치에 기초해 동북아와 인도·태평양 지역을 총망라한 지역에서 포용·신뢰·호혜란 원칙에 따라 관련 국가들과 협력을 모색하겠다는 구상이었다. 협력국가에 중국을 포함시키기는 했지만, 중국이 민감하게 여기는 신장 위구르 관련 문제 등을 건드리며 미국의 입장을 대변하는 듯 했다. 당장은 불편함을 드러내지 않아도 중국은 자신들의 필요에 따라 이 문제를 들고 나올 수 있다는 게 전문가들의 예상이다.

윤석열 정부의 대북 관계에 있어 주안점은 국익 우선, 평화 우선이 아니라는 점이다. 미국을 비롯한 강대국에 동조하면서 그들의 이익에 휘둘리고 있다는 것도 매우 우려할 부분인데 오히려 그걸 넘어서 윤석열 정부는 북한에 대해 강대강 입장을 고수하고 있다.

북한 무인기가 대통령실 주변 비행 금지 구역을 일부 침범한 일이 있었다. 처음에는 "비행 금지 구역에 침범하지 않은 것을 확신한다."며 부정했던 군은 뒤늦게 북한의 무인기 침범을 인정했다. 무려 열흘만의 일이었다. 2023년 1월 초 4성 장군 출신인 김병주 민주당 의원이 최초로 북한 무인기의 항로 궤적을 보고 대통령실 주변 비행 금지 구역을 침범했을 것이라고 주장했다. 이를 두고 대통령실과 국민의힘은 군 정보 유출 가능성과 북한 내통설이라는 구태의연한 색깔론으로 대응했다.

서울 영공이 뚫린 무능함을 책임지기는커녕 저급한 정치 공세로, 국민 앞에서 사과 한마디 하는 것을 피하기 위해 이 나라를 전쟁 위기로 몰아가는 강경 대응으로 나섰다. 김병주

의원은 4성 장군 육군 대장 출신으로 한미연합사 부사령관을 지낸 경력을 가지고 있다. 장성 출신으로 국가관, 대북관, 안보관이 투철한 이에게 자신들의 무능을 덮기 위해 북한과 내통한 거 아니냐며 공격하는 것은 어불성설이다. 한마디로 '치킨 호크'Chicken hawk, 매를 흉내 내는 닭이라는 뜻으로 전쟁을 경험하지도 않았고, 군에 복무한 적도 없으면서 전쟁 혹은 그에 준하는 급진적인 군사 활동을 적극 찬성하는 호전적인 정치인, 관료, 평론가를 뜻하는 정치적 속어들이 '진짜 호크'를 상대로 안보를 말하는 블랙코미디가 아니고 뭐란 말인가.

윤석열 대통령은 북한의 무인기 도발과 관련해 9·19군사합의 효력 정지 검토를 지시하는 등 '압도적 대응'을 강조하며 강경 입장을 취했다. 당시만 해도 그런 지시를 내린 적이 없다고 했지만 2023년 10월 팔레스타인 무장정파 하마스가 이스라엘 공격에 나선 사례를 들며 그 카드를 꺼냈다.

윤석열 대통령은 국방과학연구소ADD를 방문해 북한의 무인기 위협에 대한 우리 군의 감시, 정찰 요격 시스템을 포함한 국내 무기체계 개발 현황을 점검하며 "평화를 얻기 위해서는 압도적으로 우월한 전쟁 준비를 해야 한다."고 했고, "상대에게 핵이 있든, 어떠한 대량 살상 무기가 있든 도발을 일삼는 사람들에게 분명한 메시지를 줘야 하고, 두려워하거나 주저해서는 절대 안 된다."고 했다. 또한 북한의 도발에 대해서는 북한에 상응하는 조치를 즉각적으로 시행하고, 북한의 1대에 대해서 우리는 2대, 3대 올려 보낼 수 있도록 조치하라고 했으며 필요하다면 격추도 하고 관련 조치를 최대한 강구하라고 했다.

이렇게 북한의 핵 위협과 무인기 도발 등이 이어지면서 윤석열 정부의 대북정책은 급격히 과거로 회귀하고 있다. 남북 관계에 있어서 오로지 강대강 방법밖에 없는 듯한 방향만 강조하고 있는 모양새이다. 윤석열 대통령과 김정은 위원장이 남북 관계를 전면에서 이끌고 있어 오히려 문제가 되고 있다. 이런 상황에서 남북 간 극단적 충돌을 억제하던 9·19 군사합의가 효력 정지될 경우 긴장은 더 커질 것이라는 우려가 크다. 특히 다른 나라의 전쟁 상황을 보고 이 카드를 꺼내는 것은 매우 위험한 발상이다.

'코리아 디스카운트'는 세계 10대 무역국가, 경제 대국인 우리나라가 지정학적 요인으로 인해 저평가된 상황을 가리키는 말이었다. 문재인 정부 5년 동안 사라졌던 단어가 윤석열 정부에 들어서 다시 살아나고 있는 것은 최근 우리의 안보 현실을 보여주고 있다.

현 정부가 남북 관계를 지나치게 대결 일변도로 접근하면 대통령 임기가 끝날 때까지 북한과의 관계에서 개선 모멘텀이 없을 수 있다. 북한도 현 정부에 대한 혐오를 심하게 표출하고 있다. 북한에 흔들리기보다 대화를 통해 남북 관계의 해법을 균형적으로 모색하는 구상을 가동해야 한다. 현재의 강대강 대결 구도로는 국민에게 불안감만 조성할 뿐이다. 시급하게 대화와 협력의 선순환 구조로 전환할 수 있는 외교 안보적 상상력을 발휘해 봐야 하지 않겠는가.

외교는 놀이가 아니라 국익이다

　윤석열 정부가 2023년 책정된 정상외교 관련 본예산을 소진하고, 이보다 많은 예비비를 추가 편성했다. 정부가 긴축 재정을 강조하는 상황에서 2023년 정상외교 관련 예산은 사상 최고 수준인 총 578억 원으로, 문재인 정부 때와 견줘 2배 이상이다. 그렇다면 이런 역대급 예산만큼 윤석열 정부의 외교정책으로 우리가 얻은 국익은 무엇인가?

　대통령 해외 순방 등 주요 외교 일정마다 미국의 인플레이션 감축법IRA 관련 해법에 대해 기대를 했지만 뚜렷한 답은 없었다. 미국의 인플레이션 감축법은 두 가지 의미가 있다. 하나는 기후변화 방지와 국가 안보이다. 재생 에너지로의 전환을 통해 미국의 적대국들이 에너지를 무기로 미국과 동맹국을 위협하는 것을 막겠다는 취지이다. 다른 하나는 보호무역의 상징이자 자유무역에 대한 위협이다. 미국과의 '동맹 가치'와 '국익'의 관계 설정에서 딜레마 상황에 처해 있었는데, 이 법의 통과로 바이든 대통령 지지율이 뛰었고, 그 여파로 중간 선거에서 선전할 수 있었다. 이런 상황에서 이미 통과한

법에 손을 댄다는 것이 불가능한 일이다. 그럼에도 불구하고 이 법으로 인해 국내 전기차 수출 기업들의 가격 경쟁력 상실과 미국 시장 내에서의 막대한 손실은 불가피해지게 되었다.

우리나라가 미국이 주도하는 인도·태평양 경제프레임워크IPEF를 통해서 글로벌 공급망 협력체에 동참하고 있는 상황에서 인플레이션 감축법 시행은 미국과 한국의 경제 통상 협력 방향과도 맞지 않는 것이기에 수정해야 할 것이다.

최근 부상하고 있는 인도·태평양 전략은 현재 미국의 세계 전략으로 알려져 있지만 이를 창안해 미국에 제의한 쪽은 2007년 아베 내각이다. 오바마-아베 시기 인도·태평양의 '지역' 개념이 태동했고, '구상'을 넘어 트럼프 대통령에 이르러 인도·태평양 '전략'으로 천명되었다. 즉 2016년 8월 아베 총리는 아프리카개발회의TICAD에서 '자유롭고 열린 인도·태평양' 개념을 천명했고, 이에 따른 세계 전략이 2017년 11월 미일 정상회담 때 트럼프에 의해 채택되었다. 미국, 영국, 프랑스, 독일 등 일부 국가가 이 개념을 사용했다.

초기 구상에 참여한 인도와 일본은 인도·태평양 '지역' 또는 '구상'으로 상당히 후퇴했는데, 윤석열 정부가 아세안 정상회의에서 특정 국가를 견제하는 '윤석열 정부판 인도·태평양 전략'을 선언했다. 아베 내각의 인도·태평양 전략은 중국 압박보다는 자신들의 경제적 이익의 수호였다. 중국의 해양 정책으로 인도양과 태평양에 걸쳐진 일본의 중동 원유 수송

로가 위협받을 수 있다는 우려에서 미국과의 공조를 통해 중국의 영향력 팽창을 억제, 위험성을 줄이겠다는 것으로 전환되었다.

하지만 한국판 인도·태평양 전략의 경우 외교안보정책의 대전환을 둘러싸고 정부와 학계, 시민 사회에서 치열한 논쟁조차 없었다. 근본적인 외교안보정책의 대전환에 대한 방향과 원칙보다 집행과 실행이 중심이 되었다는 점도 우려할 만하다. 컨트롤 타워 없이 손발만 움직이는 매우 위험한 구조라는 점도 그렇고 독자적인 국가 전략, 독트린이라고 할 수 있는지도 의문이다.

언급했듯이 인도·태평양 개념은 아베 총리가 제안했고, 이미 여러 나라에서 채택했다. 잘못하면 미일동맹 구조에 한미동맹을 종속시키는 냉전 시기 외교로 변모할 수 있는 우려가 있다. 외교는 한번 무너지면 복구하는데 굉장히 오랜 시간이 걸린다. 태국이나 동남아 같은 나라는 '대나무 외교'라는 비유처럼 독자적이고 실용적인 외교를 펼치고 있다. 아세안의 오랜 역사와 사회 경제적인 토대를 보면 미국 주도의 일방적인 외교로 움직이지 않았다.

또 다른 문제라면 앞에서 언급했듯이 중국에 대해 신중하지 못했다는 점이다. 균형 외교를 표방했던 문재인 정부는 아세안과 인도를 겨냥한 신남방정책 개념을 제시했다. 중국 견제 성격으로 비칠 수 있는 인도·태평양 전략과 구별하기 위해 중립적 개념을 선택했다. 국익 중심이라는 선명성을 바탕으로 한미동맹 기반 아래 중러일과 전략적 협력을 추진했다. 김대중 정부 역시 1동맹 3친선과 같은 국익 중심의 실용주의적 외교 안보 노선을 취했는데, 노태우 정부의 북방정책의 연장선상이었다.

그런데 윤석열 정부는 포용, 신뢰, 호혜라는 3가지 원칙을 통해 특정 국가를 배제하지 않고 협력하고 포용하는 전략을 내세웠지만, "자유, 민주주의, 인권 등 보편적 가치에 기초한 규칙 기반 질서를 강화해 나간다."고 밝혔다. 문제는 인도, 터키, 사우디아라비아, 이스라엘 등 많은 국가가 국익 중심으로 외교를 실천하고 있는 상황에서 왜 유독 윤석열 정부만이 대중국 포위 전략인 인도·태평양 전략 선언을 통해 한미일 3국이 북한과 한반도를 인도·태평양 충돌의 핵심 축으로 위치시키는 걸 추동했냐는 것이다.

이것은 추격국가에서 선진국, 글로벌 선도국가로서 품격과 위상이 상승한 우리나라가 냉전 시기로 회귀하겠다는 것이나 다름없는 구상이다. 중국은 한국이 조급하게 미국 편에 일방적으로 가담하지 말고 중립을 지키라고 압박해 왔다. 중국은 윤석열 정부의 인도·태평양 전략이 반중 적대정책이라고 판단되면 한한령처럼 보복조치에 나설 수 있다. 그래서 특히 국제 관계에서 신중해야 한다. 한중 관계가 악화되지 않도록 상황 관리에도 힘써야 한다.

윤석열 정부는 주변국들의 행보에 대립적 이념이 아니라 실용적 국익의 눈으로 관심을 가져야 한다. 멀리 갈 것 없이 일본의 행보를 봐도 알 수 있다. 우선 미국은 '국가안보전략서'NSS를 통해 중국을 "유일한 전략적 경쟁자"로 규정하고 있다. 고로 미국은 글로벌 대중국정책을 추진하는데 동북아 불안과 지역 갈등으로 인한 큰 변동 사항이 생기지 않길 전략적으로 추구한다. 그 점을 간파한 일본은 미국과의 관계 강화에 나서고 있을 뿐만 아니라 중국과도 무역을 늘리고 있고, 미국 주도의 러시아 제재에 참여하면서도 가스와 석유를 러시아로부터 계속 수입했다. 그렇다고 일본이 미국의 제재를 받았는가?

우리나라의 지정학적·지경학적 현실을 담아 세계 경제 속에서 우리나라가 살아남기 위해서는 실속 있는 외교를 해야 한다. 인도·태평양 전략에서는 법치주의와 인권 증진 협력을 말하면서 국내에서는 다른 행보를 걷고 있는 것도 문제라면 문제다. 많은 나라에서 인도·태평양 지역을 주목하고 있다는 것은 그만큼 시장성이 있다는 것이다. 인도·태평양 지역은 세계 인구의 62%, 국내총생산GDP의 62%, 무역량의 46%를 각각 차지하고 있어 저마다 자국의 이익을 위해 눈독을 들이고 있음을 자각하고 우리 국익을 위한 실속 외교를 강화할 필요가 있다.

윤석열 정부가 역대급 외교 예산을 사용하면서 놓치지 말아야 할 것이 있다면 바이든 정부의 '반도체지원법'칩스법에 대한 안전장치를 마련하는 것이다. 우리나라 반도체 산업의 경쟁력은 우리나라 경제 전체의 경쟁력과도 밀접하다. 안보 협력 체제 구축 못지않게 우리 경제 발등에 떨어진 불이 반도체 문제이다.

글로벌 패권 기술을 지키기 위해 세계 각국 모두 자국우선주의정책을 펼치고 있다. 미국의 칩스법은 새로운 반도체 가치동맹의 근간을 훼손할 정도로 노골적이고 일방적인 자국 이기주의를 담고 있다. 세계를 리드하던 일본 반도체 산업의 몰락을 가져온 1986년 미일 반도체 협정만큼 독소조항이 담겨 있다.

삼성전자 등 국내 반도체 기업은 미국으로 인해 진퇴양난의 상황에 갇혀 있다. 보조금을 받으며 미국 정책을 따르면 첨단 기술 노출 위험을 감수해야 하고, 보조금을 포기한 채 미국에 투자하면 기업 이익을 내기 힘들기 때문이다. 글로벌 반도체 시장, 메모리 반도체 일변도에서 시스템 반도체 등으로 다각화하면서 우리나라는 이미 반도체 기술 전쟁에서 열전 중이다. 파운드리 분야에서는 대만 TSMC와의 격차를 줄이지 못하고 있고, 중국의 반도체 굴기로 인해 지난 20여 년간 선두를 유지하던 메모리 분야에서도 도전받고 있다.

미국 경제학자 제임스 토빈은 "모든 계란을 한 바구니에 담지 말라."고 했다. 흔히 주식 용어로 잘 알려져 있는데, 투자를 분산해서 위험을 최소화해야 한다는 말이다. 한 나라의 외교 전략도 크게 다르지 않다고 본다. 한 가지 전략에 매달리거나, 특정 강국에 전적으로 의존하는 것은 위험하다. 급변하는 국제 질서에서 분산적으로 외교에 임하는 게 이익이다.

당장 미중간 헤게모니 게임에서라면 더더욱 너무 섣부르게 계란을 한 바구니에 담아서는 안 된다.

외교 문외한인 대통령이 검찰 출신 특유의 이분법적 세계관을 외교 영역까지 적용해서 지나치게 빠른 속도로, 섣부른 선택을 하는 것이 아닌가 하는 우려가 있다. 외교 영역은 적을 만드는 게임이 아니라 친구 관계를 넓히는 게임이다. 적이 아닌 친구를 만드는 외교 전략이 필요한 시기이다.

백악관은 "바이든 행정부에서만 지난 2년여 동안 한국은 1,000억 달러133조 6,000억 원 이상을 미국에 투자했다."며 긍정적 효과를 누리고 있다고 공개적으로 말했다. 우리나라 측 5대 그룹 총수들도 미국에 동행했다. 그렇다면 반도체법, IRA 등의 문제를 해결하고 반대로 우리도 경제적 성과를 얻어왔어야 했다. 외교 예산은 예산대로 나가고, 거기다 또 퍼주기만 한다면 그걸 외교라 할 수 있는지 의문이다.

대나무는 마디 때문에 높이 자랄 수 있다. 마디는 대나무가 성장을 잠시 멈추고 힘을 모은 흔적이다. 대나무가 겨울의 추위를 잘 견뎌내면, 마디에 있던 생장점이 깨어나 나무를 키워내는 것이다. 마디는 나무가 바람에 견딜 수 있는 무게 중심 역할을 한다. 위기를 지나고 있을 땐 잘 모르지만 그것이 마디의 시간인지, 그저 시련인지 나중에 알 것이다. 지금 우리나라 외교도 마디의 시간이 되어야 한다.

일본, 반목과 협력 사이

우리나라와 일본의 스포츠 더비 매치를 일컫는 한일전의 경우 비인기 스포츠 종목이라고 해도 사람들의 관심이 커진다. 한일전은 실력 차이가 나더라도 우리가 이기기를 바란다. 오죽하면 일본과의 경기에서는 가위바위보도 이겨야 한다고 할까. "모든 팀에 다 이겨도 일본에 지면 전패고, 다른 나라에 다 져도 일본에 이기면 전승이다." 김응용 감독이 대표팀 감독을 맡았을 때 한 말이다. 이렇듯 우리 국민의 일본에 대한 감정은 좋지 않다. 국민의 반일 감정은 쉽게 사라지지 않을 것이다. 물론 이 반일 감정은 개별 일본인에 대한 반감보다 일본 정부에 대한 반감, 혹은 분노이다.

이제 선진국 대열에 들어선 우리 국력을 바탕으로 일본과 대등한 협력이 필요하다. 우리나라와 일본은 군사비는 2022년 기준으로 우리나라가 세계 9위이고, 일본은 그 뒤를 잇고 있다. 미국 군사력 평가 기관 글로벌파이어파워GFP에 따르면, 군사력으로 우리나라가 6위, 일본이 5위로, 구매력평가지수PPP 기반의 GDP는 2018년에 이미 우리나라가 일본을 앞질렀다. 우리나라의 1인당 명목 GDP도 크게 차이가 나지 않는 만큼 이제는 한일 관계 재설정에 자신감을 가져도 된다.

과거와 다르게 이제는 안보와 군사에 있어서 일본의 필요성은 점점 약해지고 있다. 한동안 일본의 정보 자산이 우리나라보다 우위에 있다고 했지만, 문재인 정부 들어 군사 정찰 통신 위성 등을 계속 쏘아 올려서 충분히 확보했다. 오히려 대북 정보는 북한과 거리가 떨어져 있는 일본보다 우리가 더 많고 정확한 편이다. 그러므로 우리가 일본에 줄 도움이 더 많을 수 있게 되었다. 다만 한반도에서 전쟁이 일어날 경우 전시 미군의 증원이나 후방 물자 공급이 중요하다. 극단적인 상황에서 일본의 지원이 필요하기에 협력 시스템을 갖출 필요성은 있다.

중국의 부상이라는 측면에서 보면, 한일은 가치와 공동 위협 인식이라는 차원에서 협력의 필요성이 있다. 윤석열 정부는 과거사에 대한 훼손할 수 없는 원칙은 확고하게 하며 한일 관계에 대한 중장기 전략을 짜야 한다.

일본의 반격 능력 보유 선언은 '전쟁을 할 수 있는 국가'가 되겠다고 공표하는 것이다. 그런데 윤석열 정부는 그런 일본에 반대하지 않겠다고 했다. 과거에 대한 진실된 반성도 없는 일본이 본격적인 무장을 하겠다는 입장을 용인하는 것은 우리나라의 국익에 반하는 것이다. 이런 일련의 조치를 통해 한미일 군사동맹의 강화하는 방향으로 나간다면 한반도가 전쟁의 포화에 잠겼던 과거가 되풀이될 가능성이 커진다.

특히 '강제동원 피해자 배상' 판결의 문제에 있어서 문제를 풀어나가야 한다는 것에는 동의하지만 윤석열 정부는 신중하게 풀어나가기보다 너무 서두르는 것처럼 보인다. 무엇보다 국민들의 공론화 과정도 없이 진행되고 있다는 점은 우려할 만하다. 2023년 사법 절차에 따라 일본 기업에 대한 현금화 과정이 진행되기 때문에 그 전에 문제를 해결해야 한다는 조급함과 총선을 앞두고 정치적 고려도 있다는 비판에 귀 기울여야 한다.

실제로 서두르다 발등 찍힌 외교부가 되어 버렸다. 윤석열 정부는 강제동원 피해를 배상하라는 대법원 판결에 대해 피고 일본 기업이 아니라 일제강제동원피해자지원재단이 소위 '판결금'을 지급할 수 있다는 근거로 민법의 제3자 변제 법리를 펴 왔다. 하지만 해당 조항인 민법 469조에 따르면, "채무의 성질 또는 당사자의 의사표시로 제3자의 변제를 허용하지 아니하는 때"에는 제3자 변제가 불가능하다.1항 또한 "이해관계 없는 제3자는 채무자의 의사에 반하여 변제하지 못한다."2항라고 명시되어 있다. 이번에 정부가 공탁 절차를 개시한 피해자 4명은 모두 명시적으로 재단의 돈을 받지 않겠다고 밝힌 상황이다. 2023년 7월 외교부가 공탁 절차를 개시하고 총 4건생존자 2건, 유족 대상 2건 중 최소한 3건은 정상적으로 접수되지 않았다.

정부는 마지막까지 일본 기업의 참여와 피해자 동의를 구하는 일에 최선의 노력을 다해야 함에도 불구하고 우리 국민의 일본의 과거에 대한 여론은 단호했다. 한일 관계는 까다롭고, 잘 다루기가 쉽지 않는데도 속도전으로 일방적으로 밀어붙였다.

강제동원 피해자 배상 판결은 일본의 사과와 그에 따른 배상이 전제가 되어야 한다. 윤석열 정부가 일본 측의 입장을 반영해 일본 기업 참여 없이 한국 기업이 낸 돈으로만 강제동원 피해자에 대한 배상을 하겠다는 것은 '반성하지 않는 일본, 사과하지 않는 일본'을 인정하겠다는 것으로 역사의 심판대에 서게 될 것이다. 무엇보다 우리나라 대법원에서 일본 기업이 배상하라고 판결이 난 것을 검찰 출신에 공정을 외치며 대통령이 된 정치인이 외면하는 것이다. 이것은 법치도 아니고, 공정도 아니고, 국민의 뜻도 아니다.

2021년 9월 11일, 국민의힘 윤석열 대선 후보는 대구 중구 희움 일본군 위안부 기념관을 찾아 이용순 할머니를 만나 "일본의 사과를 반드시 이끌어 내고, 할머니들이 마음의 상처를 받았던 것들을 다 해드리겠다."며 손가락을 걸며 약속했다. 미래지향적으로 일본과 잘 지내는 걸 반대할 국민은 없을텐데 한일회담 후 일본의 행동을 보면 과연 우리나라를 존중하는 태도인가 라는 물음이 앞선다. 강제동원은 없었고, 독도는 일본 땅이라고 아예 교과서에 못 박고, 야스쿠니 신사에 보란 듯이 공물을 보내고 참배하는 행태를 반복할 뿐이다.

일본은 우리 국민 가슴에 대못을 박고 있는데, 대통령이 미국까지 가서 국민이 보기에도 뻔한 친일 인식을 보이는 게 우리나라 대통령이 할 일이냐고 한탄하고 있는 상황이다. 우리 국민이 일본에게 요구하는 건 단순하다. 일제 강제동원에 대한 사과와 배상을 요구한 것이지 일본 수상이 무릎 꿇고 사과하란 게 아니다.

무릇 한 나라의 대통령이라면 민심을 바르게 알고 언행에 신중해야 한다. 이제 일본이 전향적인 사과와 관계 개선을 모색하고 싶어도, 소위 '무릎 꿇는' 것이 되는 꼴이고, 상대국 대통령이 불필요하다고 못 박은 셈이라 할 필요도 이유도 없어지게 됐다.

알베르 카뮈는 "미래에 대한 진정한 관용은 현재의 모든 것에 몰입하는 것이다."라고 했다. 문재인 정부의 기조였던 '아무도 흔들 수 없는 나라'가 윤석열 정부가 되면서 '아무나 흔들 수 있는 나라'로 변해 버린 것은 아닌지 통탄스럽다. 우리나라에서 이런 조롱이 절대 현실이 되어 펼쳐지지 않도록 윤석열 대통령은 국내외적 현안 해결에 자신의 모든 것을 바치겠다는 각오로 임해야 할 것이다.

미중 대결 상황에서 우리가 선택할 수 있는 선택지가 제한되어 있다는 점에서 정부의 고뇌가 클 것이지만 현재 정부의 외교안보정책은 '내 편 아니면 네 편'이라는 국내 진영 논리의 외교안보적 확장판에 불과하다. 윤석열 대통령은 국내에서 외치는 자유를 국제 외교의 장에서까지 외치고 외교안보정책화 하고 있다. 이런 아마추어적 진영 논리는 우리에게 지정학적 리스크로 다가올 가능성이 높다. 더불어 외교 안보 현안을 두고 대국민 설득 노력도 부족하고, 메시지 관리에서도 문제를 드러내고 있고, 의전에서도 실수를 반복하고 있다. 당장은 북한과 군사적 충돌을 빚은 것은 아니라 다행이기는 하지만, 한반도의 지정학적 위치와 대북 관계에서 활용 가능한 레버리지를 잃고 있다는 점은 분명히 자각해야 한다.

블링컨 국무장관은 한미일 3국 정상회의를 두고 "3자 협력의 새로운 시대를 열 것"이라며 한미일 정상회담 이후 한미일 3국 관계만이 아니라 정치 외교사적으로도, 동북아 역학 관계에서도 전혀 새로운 시대에 접어들게 될 것이라고 했다.

외교전문지 포린 어페어스는 기사에서 "식민 지배와 반목의 역사로 인해 일본과 한국은 불안한 파트너 관계를 맺고 있으며, 이들을 화해시키는 것은 쉽지 않을 것"이라고 했다. 또한 "기회의 창이 닫히기 전에 바이든이 발 빠르게 움직여야 한다."고 지적했다. 미국의 시각에서 봤을 때 한미일 3자 관계는 순조로운 편이었으나, 한일 관계가 종종 걸림돌이 되어 왔다. 미국 입장에서 윤석열 대통령이 한일 관계의 복구에 적극적이고, 기시다 일본 총리도 한국 문제에 실용적인 접근 방식을 취하고 있는 지금이 한미일 3자 관계를 역진이 불가능하게 제도화할 마지막 기회라고 판단했던 것으로 보인다. 그래서 포린 어페어스는 "Now or Never."지금 아니면 절대라는 표현을 통해 3국 협력 강화의 시기적 적절성을 강조했던 것이다.

바이든 정부는 동맹과 제도의 네트워크를 통해 미국의 영향력을 동북아에 투사하고, 중국과의 지정학적 경쟁에서 미국 우위의 질서를 유지해 나가려는 것이다. 한미일 3국 정상 회담은 이를 위한 사전 정지 작업이었다. 역대 미국 정부는 동북아에서의 지정학적 우위를 공고하게 만들기 위해 한일 관계가 원만하게 이어지길 원해 왔다. 우리나라에 어떤 정권 이 들어서도 한미일 3국 동맹의 한 축인 한일 관계가 흔들리 는 것을 막아보겠다는 의도였던 것이다.

이런 상황에서 윤석열 정부에는 북중러에 대한 외교 전략 이 없다고 해도 과언이 아니다. 대통령의 의중을 전달하며 중 국이나 러시아에 우리나라의 상황을 설명하고 이해를 구할 특사 하나 없다는 것이 말이 되는가? 전쟁 중이라 해도 대화 는 하고 국가의 이익을 챙기기 위해 외교는 움직여야 하는게 아닌가?

현상적으로는 외교 안보 환경이 정상회의 이전과 이후 모 든 게 달라질 것이다. 남북 관계뿐만 아니라 중국, 러시아와 의 관계도 적대적인 관계로 변화하고 있는 상황이다. 미중, 미러 간 디커플링으로 신냉전이 도래하고 있는 상황에서 김 정은 정권은 남한, 일본, 미국과의 관계에 대한 미련을 버렸 고, 윤석열 정부도 한미일동맹에 기울고 있다. 향후에는 북중 러를 하나의 묶음으로 보고 대북정책이 대북중러정책이 되 는 수준의 외교안보정책의 대전환이 필요하게 될 것이다.

문제는 이런 대결 구도에서는 한반도의 지정학적 리스크 는 커지고, 지난 시기에 누렸던 지리 경제적 이점은 사라지는 두 개의 위기 상황에 직면할 가능성이 높다는 점이다. 한미일과 정상회담을 하면서도 동시에 다른 한편으로는 중국과 러시아, 북한과도 대화 채널을 복구해야 한다. 동맹이 국익보다 위에 있지는 않음은 아무리 강조해도 모자람이 없다. 아무리 가까운 동맹과 친구라도 우리나라의 국익을 침해하고 위험에 빠뜨리는 것은 막아야 한다. 윤석열 정부는 '경제 안보론'을 맹신하지 말고, 동맹 이익과 국익 사이에서 길을 잃지 말아야 할 것이다.

우리나라는 이제 동북아의 작은 나라가 아니라 선진국으로, 엄연한 강대국으로 발돋움하고 있다. 지금은 냉전 시대의 지정학적 편가르기 외교를 하면서 국익을 챙기던 시절이 아니다. 동북아의 선도국가로서 새로운 지정학적 갈등 상황에서 봉쇄를 기본으로 하는 냉전 외교가 아니라 안정과 대화라는 개방적인 국익 중심 실용 외교를 지향해야 한다.

외교는 본질적으로 레버리지를 갖는 게임으로 우리나라 외교는 레버리지를 가질 때 동북아뿐 아니라 세계 속에서도 위상을 인정받았지만, 레버리지를 상실하는 순간 국익을 잃는 상황으로 전락하고 말았다. 취임 후 윤석열 정부의 외교는 우리나라가 가진 레버리지를 하나씩 포기하는 외교였다. 특히 대북 관계, 대일 관계는 우리나라가 외교에서 가진 중요한 레버리지였는데, 윤석열 정부는 이런 레버리지를 포기하고 낡은 미래처럼 한미일동맹에만 치우쳤다. 외교에서 상대국의 선의에 기대어 자국이 가진 레버리지를 포기하는 것은 국익을 침해하는 행위라는 것을 깨달아야 한다.

4

표준국가의 정치, 우리의 문제에 주목하라

표준국가의 정치

대나무는 푸르고 곧으나 기둥으로 쓸 수 없다. 비록 휘고 생채기가 있더라도 단단하고 굳건하게 현실을 딛고 있는 나무가 기둥이 되어야 한다. 위기의 시대에는 더욱 그렇다. 국민에게 달콤한 말로 속이는 착시가 아니라 냉정한 현실 인식이 필요하다.

서울대 이정동 교수는 기술 선진국은 축적의 역량과 고유한 최초의 질문을 국가 차원에서 할 수 있는 나라라고 말한다. 선진국가는 자기검열 없이 새로운 혁신과 모험이 자유롭게 이루어지는 독창적인 정신이 가득한 나라다. 선진국가는 카피나 벤치마킹으로 만들어지지 않는다. 세상의 표준을 주도하는 독창적이고 창의적인 질문과 자기 사유, 안목이 있어야 한다.

남의 질문과 사유, 안목을 가져와 앵무새처럼 읊조리는 것은 식민의 관점이다. 생산의 나라가 아니라 소비의 나라이고, 표준의 나라가 아니라 짝퉁의 나라가 보이는 행동이다. 정치도 마찬가지다. 선진국으로부터 국가 비전을 도용해 파는 '식민의 밀매상' 노릇을 멈춰야 한다. 자기 현실을 사유하지 않고 남의 현실에서 나온 사유를 파는 정치가 미래가 될 수 없다. 진영과 당파에 갇혀 다른 목소리를 배척하고 적대시하는 정치가 주류가 되어서도 안 된다. 갈라파고스 정치처럼 폐쇄적이고 편견과 오만이 중심이 되는 식민의 관점으로는 새로운 세상의 비전을 보여줄 수 없다.

박근혜 대통령이 국정농단으로 탄핵당하면서 문재인 정부가 들어섰다. 엄밀히 말하자면 문재인 정부는 탄핵의 수혜를 입었다고 할 수 있다. 그런 점에서 탄핵에 동참한 상대 정당의 정치인들에게도 국정에 참여할 기회를 주었어야 했다. 그들에게도 나라다운 나라를 만드는데 동참할 수 있도록 했다면 어땠을까? 지금과는 다른 정치의 모습이 아니었을까 싶다. 지금처럼 팬덤 정치가 아닌 정치를 보다 단단하게 확장시켜 큰 정치를 할 수 있었으리라 본다.

윤석열 정부도 다를 바 없다. 취임한 이후로 줄곧 지난 문재인 정부의 비판 일색이다. 국민으로부터 비판받을 만한 일은 무조건 지난 정부의 탓으로 돌린다. 전 정부가 잘못한 것도 있지만 잘한 것도 있다. 윤석열 대통령 역시 그 정부에서 검찰총장으로 있었으니 동일한 책임 의식을 가질 법도 한데 검찰의 과오는 마치 없는 것처럼 하고 있다. 성과는 축소하고 과오는 침소봉대한다면 결국은 마이너스 정치밖에 되지 않는다.

무릇 정치 리더라면 국민이 화가 났을 땐 묵묵히 말을 들을 줄 알아야 한다. 어떤 사안의 경우 억울하더라도 일단 기다릴 필요가 있다. 경청의 태도도 없으면서 남 탓만 한다면 화난 이들을 달래지 못한다. 기다리다 보면 누구의 과오인지 진실은 밝혀진다. 정치에 수용과 포용의 자세가 없다는 것은 그만큼 자신감이 없다는 것과 같을 뿐만 아니라 식민의 관점에 갇혀 있기 때문이다.

공정과 상식의 정치를 복원하겠다고 한다면 확장의 정치가 필요하다. 정치에는 타협도 필요하다. 최소한 소통은 하니 말이다. 새로운 세력을 형성하여 덧셈 정치를 해야 할텐데 패거리 정치로 축소하며 자기 내부 정치만 하고 있으니 국민이 검사 정권이라 비판하는 것이다.

무엇보다 윤석열 정부가 방향을 잡지 못한 것은 안보와 외교이다. 2023년 6월에 발표한 윤석열 정부의 '국가안보전략서'는 재임 기간 동안 추진할 외교안보정책의 방향을 담은 문서이다. 일반적으로 국가안보전략서는 국가의 안보정책 방향에 대한 국민 여론 수렴 및 국론 통합 지향의 안보정책을 결정하는 데 중요한 계기를 만들기 위한 것이다. 그런데 이번 국가안보전략서의 내용을 보면 우려할 만한 주요 사안들이 눈에 띈다.

윤석열 정부의 전략서는 위협 순위를 국가별이 아닌 위협 요인으로 매겼는데, 북한의 대량 살상 무기 고도화를 우리 안보의 최대 위협이란 점에서 제1순위로 매겼다. 그 다음은 미중 경쟁 심화로 위협의 요인은 중국으로 보았다. 중국이 경제력 성장을 토대로 군사력을 계속 증강하면서 국제 무대에서 정치·경제적 영향력을 확대하고 있다면서 북한 다음의 위협 요인으로 규정한 것이다. 이는 지나치게 미국을 의식한 처사로 보인다. 미국이 2022년 10월에 발표한 '국가안보전략서'에서 미국의 패권에 도전할 능력을 갖춘 유일한 국가 제1순위를 중국으로 규정했기 때문이다.

하지만 우리는 미국의 입장과 다르다. 중국이 우리에게 직접적으로 주권이나 국토에 대한 위협을 하지 않으며 세계 패권을 두고 상호 겨루는 처지가 아니니 말이다. 오히려 우리나라 고유 영토인 독도에 대한 영유권을 주장하고, 제7광구의 석유개발권을 독점하기 위해 공동 개발을 거부하는 등 여러모로 우리 국익을 위협하고 있는 일본에 대해서는 전혀 언급이 없다는 것은 어떻게 받아들여야 할까.

북한과의 관계에서도 위협적인 존재이므로 위협에 대한 대응 능력 강화만 강조했을 뿐 더 이상의 진전이 없다. 미국도 마찬가지일까? 미국은 자국의 전략서에 북한은 중국, 러시아, 이란 다음으로 위협 순위에 놓고 북한의 핵 위협에 있어 '지속적인 외교'와 '확장억제력 강화'라는 표현으로 균형을 유지한 접근을 취하고 있다. 그런데 윤석열 정부의 전략서를 보면 안보는 있지만 외교가 빠졌다.

표준국가로 나아가는 시점에 선진국의 대열에 진입한 나라에 외교가 없다는 것은 말이 되지 않는다. 그보다 진영 논리에만 빠져 북한과의 대화나 교류는 차단하고, 우리 국토의 영유권을 주장하는 일본에 대해서는 아무런 위협이 되지 않는다고 판단하고, 앞으로 경제에 있어 빼놓을 수 없는 중국에 대해서는 위협적인 존재라고 규정하는 것은 오로지 안보만 가지고 정치를 하겠다는 말이다.

이 점에서는 분명 전략을 잘못 짰다고밖에 볼 수 없다. 국가 비전 전략뿐만 아니라 내부 정치 전략도 그렇다. 외교 전략도 다르지 않다. 중국이 정치 갈등을 유발하고 북한 갈등을 부추겨 중국과 북한이 우리 국익을 위협한다면 당연히 국방 부분에서 단호할 필요가 있다. 그렇다고 모든 부분에서 단호할 필요는 없다. 국방부가 해야 할 일이 있고, 외교부는 외교 역할에 맞게 다른 전략으로 접근해야 한다. 그런데 윤석열 대통령은 국방 전략밖에 없다는 듯한 행보를 보이고 있다.

윤석열 정부의 외교는 어떤 역할을 하고 있는지 보이지 않을 정도다. 다른 나라는 미국과 동맹 관계에 있더라도 자국에 이익이 되지 않으면 우회할지언정 맹목적이지 않다. 굳이 신냉전이라는 프레임에 갇히지 않는다. 그런데 윤석열 대통령은 내 편이 아니면 모두 적이라는 프레임에 갇혀 신냉전의 논리 속에서 벗어날 생각을 하지 않는 것 같다. 이런 식으로 신냉전 전략이 국가 전략이 되어버린다면 우리는 얻을 게 많지 않다. 다시 새우 취급받는 고래 신세로 전락해 고래 경쟁 판에서 밀려나고, 식민의 관점에서 벗어날 수 없게 된다.

'뉴 트라이앵글 지도자'는 아무 전략 없이, 우리의 실정에 맞지 않게 남의 것을 베낀 전략을 들고서 임해서는 안 된다.

어떤 식으로든 전략을 변화시켜 외교 안보 전략으로 연결될 수 있도록 크고 작은 그림과 설계도를 가지고 있어야 한다.

우리 외교 사상 세 번째로 유엔안보리 비상임이사국이 되었으니 보다 균형 잡힌 외교에 모범이 되어야 하지 않겠는가. 겉만 선진국이고 속은 비어 있는 강정이라면 국민이 정부를 믿고 따를 수 있겠는가. 정치란 무릇 안팎으로 적을 적게 만들어야 국민이 안정적인 삶을 누릴 수 있는 것이다.

한국 정치, 이대론 표준국가 안 된다

정치나 경제 용어를 보면 동물에 빗댄 용어들이 더러 있다. 대표적으론 검은 백조인 '블랙 스완'Black Swan이 있다. 대체로 백조는 하얀색만 있다고 알고 있었는데, 17세기 한 생태학자가 실제로 호주에 살고 있는 흑조를 발견했다. 그래서 도저히 일어날 수 없는 일이 실제로 벌어져서 큰 충격을 준다는 의미의 용어가 되었다. 이후 블랙 스완은 월가 투자전문가인 나심 니콜라스 탈레브가 그의 저서 《검은 백조》를 통해 서브프라임 모기지 사태를 예언하면서 두루 쓰이게 됐다. 미셸 부커가 2013년 다보스포럼에서 처음 발표한 개념인 개연성이 높고 파급력이 크지만, 사람들이 간과하는 위험을 뜻하는 용어인 '회색 코뿔소'Gray Rhino도 있다.

정치에 있어서 나타날 수 있는 현상들이기도 하면서 종종 그런 상황에 맞게 표현하는 일이 있다. 우리나라를 예로 들기에 적합한 용어라면 '방 안의 코끼리'Elephant in the Room가 아닐까 싶다. 방 안에 코끼리가 있다면 어떨까? 분명 위험한 상황이라고 할 수 있다. 몸집이 너무 커서 모른 척할 수도 없고,

밖으로 내보려고 해도 방법이 없으니 답답할 노릇이기도 할 것이다. 즉 방 안의 코끼리는 누구나 알고 있지만, 그 누구도 먼저 이야기를 꺼내지 못하는 크고 무거운 문제를 비유하는 표현이다. 이런 경우는 대체로 같은 입장의 집단에서 볼 수 있는 문제이다. 대부분 인식하는 문제이지만 먼저 꺼냈다가 자신이나 집단에 부정적인 결과가 나올지도 모른다는 불안한 마음이 들어 아예 언급하지 않는 것을 의미한다.

방 안의 코끼리는 박영선 전 중소벤처기업부 장관이 2022년 말에 한 라디오 방송에 출연해서 언급한 말이다. 방 안의 코끼리는 외면하는 침묵, 모든 사람이 다 잘못됐다는 사실을 알면서도 그 누구도 이야기하지 않는 상황이라는 의미라며 "대한민국의 정치권이 방 안의 코끼리이고, 민주당도 여기서 예외는 아니다."라고 했다. 방 안의 코끼리는 비단 민주당만이 아니라 국민의힘 그리고 대다수 우리나라 정치인들의 모습에서 찾아볼 수 있지 않을까 싶다.

"정치는 중요하고 귀한 일인데, 정치인의 일상은 참 남루해요. 이건 뭐 아무것도 아니지요. 정치로 무언가를 이루려고 한다면, 이런 것과는 비교할 수도 없는 수모를 견뎌야 합니다. 정치가 그래요." 2002년 초 민주당 대통령 후보 국민경선을 앞두고 있었던 노무현 대통령이 그 과정에서 했던 말이다. 정치인 중 한 명으로서 공감되는 말이다. 정치를 어떻게 하는 것이 제대로 하는 것인지 생각할 때가 많다.

앞서 표준국가를 언급하면서 우리에게는 포월의 정신이

필요하다고 했다. 추월이 아닌, 안으면서도 넘어서는 포월이어야 한다고 말이다. 정치도 그런 자세가 필요하다고 본다. 물론 서로의 입장 차이가 있을 수 있지만 국익을 위해 공과 사는 구분해야 한다고 본다. 서로 다른 소속이지만 공적으로 이익이 되는 부분에서는 인정하고 가야 발전이 있다.

우리 역사에서도 포월의 정치가 있었다. 류성룡이 한창 벼슬에 있을 때 조선은 동서로 붕당을 이루기 시작했다. 그는 원래 동인이었는데, 나중에 남인이 되었다. 그 배경에는 동인의 정적인 서인의 영수 정철의 처벌 문제가 있었다. 동서로 나뉜 탓도 있었지만 동인들이 가장 기피하고 싫어하는 인물은 정철이었다. 붕당이 시작되었을 때만 해도 동인의 세력은 강한 편이었다. 정철은 서인의 영수로서 조정에서 상대적으로 열세였던 서인의 위치를 끌어올리기 위해 주의를 기울이고 있었다.

그때 마침 동인 출신인 정여립이 반란을 꾀한다는 고변이 있었다. 이를 계기로 정여립과 관련 있는 수많은 동인 사람들이 희생되었다. 바로 기축옥사로 불리는 사건으로 당시 서인의 영수였던 정철이 심문을 주관하였다. 기축옥사로 동인과 서인의 골은 깊어졌고, 그 중심에 정철이 있었다.

기축옥사를 통해 승기를 잡은 정철은 세자책봉 문제를 들고 나왔다. 왕이 보위에 있는 상태에서 신하가 먼저 세자책봉을 운운하는 일은 피하는 편이었다. 특히 정통성에 민감한 반응을 보였던 선조에게 정철은 대놓고 광해군을 세자로 책봉하자고 건의했다. 하지만 선조는 대군이 없는 상태에서 이왕이면 광해군보다 인빈 김씨의 소생인 신성군을 마음에 두고 있었다. 그런데 정철 등이 광해군을 내세우자 신성군 모자를 제거하려는 것으로 비약이 되었다. 일종의 괘씸죄에 걸린 정철의 정치 일생은 거의 벼랑 끝에 이르렀다. 정철은 좌의정에서 물러나게 되었고, 죽든지 유배를 가든지의 기로에 처하게 되었다.

바로 이 과정에서 정철의 치죄 문제 등을 놓고 동인 내에서 의견이 갈라졌다. 정철을 사형에 처해야 한다는 이산해, 정인홍과 정승을 역임한 고관을 차마 죽일 수는 없다며 선처를 호소한 류성룡과 우성전이 대립했다. 이산해는 기축옥사를 잊었느냐며 분개했고, 정인홍 등은 류성룡과 우성전을 공박했다. 정철을 죽이자는 강경파와 죽이지는 말고 유배를 보내자는 온건파로 나뉘어 갈등하게 되었고, 동인은 북인과 남인으로 갈라지게 되었다. 그 일로 류성룡은 남인의 영수가 되었다.

류성룡의 입장에서 같은 동인들을 죽음으로 몰고 간 정철을 원망할 만도 했지만 류성룡은 개인 감정으로 국사를 처리하려 하지 않았다. 그는 다른 정치적 입장인 정철과 여러 차례 부딪쳤지만 공은 공이고, 사는 사라고 여겼다. 국정이 제대로 운영되려면 공과 사를 구분해야 된다는 생각이었다.

현재의 정치에서도 많이 생각해볼 문제이다. 포월의 정치가 좋든 나쁘든 무조건 품고 간다는 의미는 아니다. 예를 들어 장관 등의 국무위원을 임명할 때 정치적 입장이 같더라도 능력이나 그릇이 되지 않으면 인사 검증에서 걸러내야 한다. 반대로 정치적 입장과 정치 철학이 다른 인물이라도 능력이 된다면 추천하는 것이 진정한 포월의 정치라고 본다. 요즘 우리 정치를 보면 포월의 정치가 필요하다는 생각이 자주 든다.

미국 언론인 아만다 리플리는 저서《극한 갈등 - 분노와 증오의 블랙홀에서 살아남는 법》에서 "민주당 지지자와 공화당 지지자의 절반은 상대측이 뭔가를 잘 모른다고 생각하는게 아니라 아예 무섭다고까지 느꼈다. 미국인은 그동안 수많은 정치적 사안에 합의를 이뤄냈으면서도 정치 성향에 따라 상대 진영을 인간 이하의 존재로 인식하기 시작했다."라고 했다. 사실 우리 사회도 크게 다르지 않다. 이런 식으로 양극단의 구도가 만들어지는 것 또한 정치인의 책임이라고 본다. 그런 점에서 서로 다른 정치적 입장이더라도 최소한 상식의 선에서 함께 할 수 있는 일도 만들어야 하지 않을까 싶다.

모름지기 정치란 국민이 우선이어야 한다. 국민이 국가이자 정부라는 생각으로 공공 기관은 국민을 위해 일해야 한다. 우리나라의 민주주의를 지휘하는 곳이 검찰과 법무부가 되어서는 안 되며 소수의 특권층이 국민주권을 대체하는 나라가 되어서도 안 된다. 국가의 권력이 소수에 의해 독점될 때 국민은 무기력해진다. 선거로 정치를 바꿀 수 있다는 기대를 저버려서는 안 된다.

정부가 국민을 위해 일하는 것이 아니라 특권층을 위해 일하는 것을 방치해도 안 된다. 국가의 자원을 평등하고 균형 있게 사용하지 않고 편향되게 소수를 위해서 사용되는 나라가 되어서는 안 된다. 경제제도는 기업가들이 충분한 능력을 발휘할 수 있는 공정한 경쟁의 장이 되어야 한다.

제도의 차이가 부국과 빈국을 만든다. 제도를 만드는 것이 정치이며 국가를 성공과 실패로 이끄는 두뇌이다. 평등한 기회, 공정한 경쟁, 정당한 보상이 이루어지는 제도 아래 다수의 사람을 포용할 때 그 나라는 번영의 길로 나아갔다. 그 반대의 길을 선택한 나라는 실패했다.

요즘 국제 사회의 쟁점은 산업 구조를 유연하고 빠르게 전환하는 것이다. 남북 관계나 대외 안보 전략에서 외교가 매우 중요하게 작용한다. 실용의 감각과 태도가 매우 필요한 시기이다. 하지만 정치가 이러한 현실을 정확히 읽어내고 사회적 합의를 이끌어 내는 게 아니라 각자에게 유리한 대목만을 취사선택해 정쟁을 일삼고 있어 진정한 정치는 실종된 모습이다. 정치가 사라진 자리에 긴 시간 동안 쌓여온 갈등의 골은 모든 사회의 몫이 된다.

2023년은 나라 안팎으로 침체된 분위기다. 고물가, 고금리, 고환율로 투자가 위축되고 경기 침체는 물론이고 이미 기업과 공공기업은 채용 규모를 대폭 줄이기로 밝혔다. 어떤 위기든 가장 먼저 무너지는 건 취약 계층이다. 공익에 대한 고민은 우선순위에서 밀려나고 작은 파이를 둘러싸고 정쟁 유불리로 투쟁적 상황이 지리멸렬하게 반복된다.

국제 이슈와 국내 문제는 서로가 서로에게 영향을 주며

때때로 무모한 판단을 내리게도 한다. 러시아는 전쟁을 일으켰고, 북한의 미사일 실험도 끊이지 않고 있다. 이러한 변화 앞에서 우리는 과연 얼마나 준비되어 있는지를 되묻게 된다. 정치가 방향을 제대로 잡아주길 바라지만 국민은 크게 기대하지 않는다. 지금 발생하는 리스크 원인은 대통령과 윤석열 정부가 보인 태도의 결과이다.

누가 봐도 대통령의 실수인 일들이 이어져 왔지만 대통령실의 반응은 변명과 부정뿐이었다. 호미로 막을 일이 가래로도 못 막게 되어버려도 정부가 잘못된 방향으로 가고 있다고 쓴소리를 하는 사람이 없다. 우호적이고 듣기 좋은 소리만 하는 이들을 주변에 두면 사고가 발생한다.

정치인도 공직자도 사람이고 실수를 한다. 대통령도 마찬가지로 대통령의 행보와 말 하나하나에 대한 평가는 엄격해야 한다. 최대한 잣대를 낮추자면 실수 자체는 문제가 아닐 수 있다. 실수보다 더 중요한 것은 실수를 대하는 태도에 있다. 자신의 책임에 대해 인정하고 소통하며 더 나아지려는 태도를 보여야 한다. 원인을 정확하게 인지하지 못하면 같은 사고는 계속해서 반복할 뿐이다.

그러나 윤석열 정부는 잘못에 대해 변명과 부정으로 일관하고 책임을 외부로 돌리며 그 결과 소통의 창을 닫고 이를 통해 사고 가능성을 원천 차단하겠다는 태도로 일관했다. 애초에 잘못도 실수도 자신이 했다는 인식이 대통령에게 부재하다는 것을 보일 뿐이었다.

다시 민주주의를 돌아보다

고대 아테네에서 시작된 민주주의에 대한 다양한 해석은 오늘날에도 '마침표'가 아니라 '진행형'으로 각 나라의 국가 구조에 중요한 가치로 작동하고 있다. 특히 "사람들을 위한, 사람들에 의한, 사람들의 정부"라는 링컨 대통령의 발언은 현대 민주주의를 한마디로 나타내는 경구다.

우리가 민주주의를 이야기할 때 '다수결의 원칙과 투표권, 대의제'를 말하지만, 이것은 민주주의를 보여주는 겉모습일 뿐이다. 핵심은 '시민 개인의 이성과 집단 지성, 통치자와 권력에 대한 의심'이다. 그리고 그 가치는 '평등과 자유, 박애'라고 하는 프랑스 혁명의 테제에 고스란히 담겨 있다.

우리 사회는 민주주의를 1987년 민주화의 성과인 '직선제, 언론과 표현의 자유, 선거를 통한 정권 교체' 등 시민의 정치 참여라는 제도적 의미로 이해하고 있었다. 그런데 1997년 정권 교체와 외환위기 이후 민주주의는 전혀 다른 문제로 우리 앞에 등장했다. 1987년 민주화 이후 정치적 민주주의가 '더 강한 정치적 권리와 더 높은 소득 성장'을 가져올 것이라고 예상했는데, 전혀 다른 방향으로 흘러갔기 때문이다.

1997년 이후 우리 사회는 군부 쿠데타나 국가 권력 기관의 개입이 아닌 국민의 투표를 통해 평화적으로 정권 교체를 할 수 있다는 자부심을 주었다. 하지만 1997년의 정치적 자유는 홀로 온 것이 아니었다. 외환위기가 함께 오면서 당연히 따라올 것이라 믿었던 경제적 자유는 다른 길을 걸어가기 시작했다. 국가 부도라는 경제 위기 상황에서 정치적 자유는 선택할 수 있었지만, 경제적 자유는 선택할 수 없었다. '정치적 자유'와 '경제적 배제'라는 이중 구조가 등장한 것이다.

우리 사회는 외환위기 극복을 위해 '공적 자금 투입'과 '대기업 빅딜', '긴축재정과 구조조정'이라는 IMF식 경제적 처방전을 받아들였다. 1997년 이전과는 전혀 다른 경제 구조였다. 그 결과 우리 경제는 미국, 일본보다 더 효율성과 생산성을 중시하는 경제 구조로 탈바꿈했다. 그로부터 17년 뒤인 2014년 4월 16일, 우리는 세월호 사건을 TV 생중계로 고통스럽게 지켜봐야 했다. 1997년 이후 전혀 다른 경제 구조를 선택한 결과라고 말하기에는 너무 참담했다. 우리 사회의 근본을 뒤흔든 휴화산이 터진 것이다.

OECD 가입으로 선진국이 되었다고 자화자찬하고, 국민소득 3만 불 시대, 경제 기적과 정치 민주화를 동시에 이뤘다며 축배를 들던 대한민국호는 갑자기 불이 꺼졌다. 국민들은 묻기 시작했다. 이 정전 상태는 무엇인가? 지금 우리는 제대로 가고 있는가? 우리는 안전한가? 우리 사회는 경제 성장

만큼 국민의 삶도, 민주주의도 성장했는가? 명실공히 선진국 대열에 들어선 우리나라의 민주주의도 1등 민주주의라고 자부할 수 있을까?

화려한 네온사인이 꺼져가는 어둠 속에서 우리는 이제 다시 물어야 한다. 민주주의를 떠받치고 있던 가치에 대한 질문이다. 투표와 대의제, 다수결의 원리라는 겉모습의 민주주의가 아니다. 정치적 평등과 경제적 자유, 시민의 정치적 권리가 온전하게 작동하고 있는지를 물어야 한다. 정부에 대한 시민의 민주적 통제, 소수가 독점하고 있는 정치 권력과 경제 권력을 효과적으로 견제할 수 있는가에 대한 '당연한 의심'이 필요한 때이다.

민주주의는 인간에 대한 성찰에서 비롯되었다. 권력은 아무리 뛰어난 왕과 현명한 자일지라도 오만해지는 순간 사물을 제대로 볼 수 없게 만든다. 민주주의는 권력을 독점하지 못하도록 고안한 제도이다. 탐욕과 불평등, 소수의 이익을 위한 권력의 종속을 견제하기 위해 고안된 민주주의는 세습이 아닌 시민의 권리를 확장하는 방향으로 나아갔다.

오늘날 우리가 민주주의를 다시 묻는 이유는 새로운 생각이 등장해야 새로운 해법이 나오기 때문이다. 독일의 사회학자 울리히 벡이 "정해진 규칙이나 수행하는 '작은 정치'의 시절이 있었고, 이제는 규칙을 탄력적으로 변화시키는 '커다란 정치'의 시대가 찾아왔다."고 말한 것처럼 우리에겐 지금 커다란 정치가 필요하다. 정부는 구조 개혁이라는 이름으로 '노동시간 연장', '고용 유연화', '비정규직 노동 구조'를 악마의 맷돌에 당연한 것처럼 돌리려고 하고 있다. 경기 활성화를 명목으로 대기업을 지원하다보니 낙수효과는커녕 서민에게 낙석효과만 불러오고 있다.

지금의 작은 정치를 변화시키지 않는다면, 우리의 민주주의는 빵이 아니라 빵가루만 얻게 되는 상태에 머물러 있게될 것이다. 링컨이 말한 "사람들을 위한, 사람들에 의한, 사람들의 정부"를 원한다면 민주주의를 다시 물어야 한다. 민주주의체제 안에서 부유한 자나 가난한 자들이 모두 동등해야 한다는 '정치적 평등에 대한 믿음'만이 우리가 원하는 정부를 만들 수 있기 때문이다. 지금 우리는 '작은 민주주의 시절'을 넘어 '커다란 민주주의 시대'를 만들기 위해 준비가 되어 있는가? 오늘 우리는 다시 민주주의를 물어야 한다.

"… 오늘 우리는 세계 역사상 가장 부유한 나라에 살고 있습니다. 그러나 이런 현실은 우리 대부분에게 별 의미가 없습니다. 부의 대부분을 한 줌의 개인들이 소유하고 통제하기 때문입니다. 지금 미국은 지구상 다른 어느 주요 국가보다 소득과 부가 불평등한 나라이며, 1920년대 이후 어떤 시대보다 빈부 격차가 큽니다. 부와 소득 불평등은 우리 시대의 중요한 도덕적인 문제이자, 우리 시대의 막중한 경제 이슈이며, 우리 시대의 심각한 이유입니다. …."

위 글은 지난 미국 민주당 대선 후보로 출마한 버니 샌더스의 대선 출마 연설문 중 일부다. 미국 민주당 대선에서 돌풍을 몰고 온 진보적 민주주의자이자 민주적 사회주의자인 샌더스는 공화당 대선 후보인 트럼프 열풍과 동전의 양면이라고 해도 과언이 아니었다. 트럼프가 소득 불평등과 실업에 따른 서민들의 고통의 원인을 차별적 증오에 기반해 이민자와 인종, 범죄자라는 사회적인 요인에 두었다면, 샌더스는 초부유층의 경제 독식과 월 스트리트의 금융 범죄 등 변화된 경제적인 요인을 지목했다. 미국 사회라는 똑같은 현실을 두고 전혀 다른 대처 방안을 제시한 것이다.

영국의 브렉시트도 마찬가지다. 소득 양극화와 실업의 증가로 인한 영국 사회의 위기라는 똑같은 현실을 두고 잔류와 탈퇴라는 전혀 다른 처방을 내린 것이다. 누구의 선택이 옳은지에 대한 판단은 지금 세계 경제와 유럽 경제를 보면 알 수 있다. 세계 경제는 앞으로 나아가는 것이 아니라 오히려 한치 앞도 알 수 없는 상황에 빠져있다.

쟁점은 브렉시트와 트럼프, 샌더스의 출현이 동일한 문제의식에서 출발했다는 것이다. 그것은 글로벌 경제에 대한 변화 요구이다. 세계화한 경제가 여러 나라 대다수 사람을 위해 작동하지 않고 경제 엘리트들에 유리한 경제 모델이라는 비판이 거세졌다. 부자들이 더 부자가 되는 동안 많은 노동자가 자신들의 삶의 수준이 떨어지는 것을 보았고 이들이 곧 유럽연합과 세계화 경제에 등을 돌렸다. 다시금 보호무역주의와 정치 양극화, 민주주의의 위기를 불러오고 있다.

지금 우리에게 필요한 것은 '새로운 사고, 생각할 수 없는 생각'을 하는 큰 정치의 등장이다. 지금의 위기와 대전환의 변화를 단지 정치적, 경제적 편향성으로 볼 것이 아니라 민심의 조류를 읽는 높고 깊은 안목과 식견이 필요하다. 격변을 읽는 새로운 제국의 눈이 필요하다.

정치와 행정, 합이 중요하다

정치는 비전과 공약을 통해 국민과 합의를 이루는 것이다. 정책 거버넌스에서 정치는 리더십, 행정은 팔로우십으로 대변된다. 사회의 갈등과 현안 문제에서 정치는 비전을 제시하는 역할을 하고 행정은 정치가 제시한 비전의 실행력을 담보해 주는 역할을 한다는 의미다. 정치가 낙관을 통해 미래를 설계하는 역할이라면 행정은 냉소의 외피를 두르고 현실적 문제점을 끊임없이 점검해가는 역할이다. 정치와 행정 사이에서 사회적 논의와 합의의 과정을 통해 갈등 관리를 하는 것이다.

정부 조직이 제 역할을 잘 수행해내기만 해도 정치와 행정이 합을 이룰 수 있을 것이다.

미국은 대통령 직속으로 관리예산실을 두고 대통령이 직접 정부의 예산 집행을 관장한다. 우리나라 역시 미국 방식이다. 사실 예산 기능을 포함해서 정부 조직 개편의 방향은 대의제 민주주의에 어울리는 방향으로 이뤄져야 한다. 대의제 민주주의는 대통령, 국회의원과 같은 선출직을 통해 국민이 주권을 행사하는 것이다. 현재 기획재정부는 축구 선수보다는 축구 감독 같은 역할을 수행하고 있다. 그런데 대통령, 국무총리, 당대표 등이 축구 감독 역할을 침범하면서 혼선을 초래하고 있다. 그동안 우리 정치는 헌법에 규정된 기획재정부의 국가 경제 기능과 역할, 경제정책의 전략적 관리를 소홀히 했다.

헌법 119조 제2항은 '국가는 균형 있는 국민경제의 성장 및 안정과 적정한 소득의 분배를 유지하고, 경제주체 간의 조화를 통한 경제의 민주화'를 실현할 것을 천명했다. 하지만 기재부의 조직 편제상 '소득분배'국장이나 '경제민주화'국장은 없다. 국가 예산 배분 기능에만 집중할 뿐 경제 운용도 예산 배분 및 재정 관리 중심이고, 거시적 경제 지표에 집중하는 경향이 있다. 국민 생활이나 산업 현장과 괴리가 있다. 그러므로 중소기업, 자영업자 등 국민이 체감할 수 있는 경제 운용이 정부의 주요 정책이 되지 못하고 서민의 경제 상황이 위기 상황에 처할 때만 등장한다. 사지에 몰렸을 때에야 경제 의제로 등장하는 것이다.

경제정책을 둘러싼 전략적 관리의 미비는 법인세 인하 문제만 보더라도 알 수 있다. 법인세 인하 폭을 둘러싼 여야의 샅바싸움에 대통령 지침만 들리고 정부의 정책 방향은 보이지 않는다는 비판을 살펴봐야 한다. 현 정부에는 우리 경제 전반에 대한 밑그림과 대응책이 없다. 법인세 인하가 지금 우리 경제의 경기 활성화에 어느 정도 도움이 되는지에 대한 확신이 있는지에 대한 인식에 의구심이 든다. 법인세 인하로 기대하는 낙수효과가 고용과 일자리 창출, 경제 활성화에 실증적인 도움이 되는지, 된다는 확신이 있다면 야당과 국민을 적극적으로 설득해야 하는데 어째서인지 합리적인 목소리는 들리지 않는다.

실제로 2022년 정부가 국내 투자 활성화 취지로 법인세 최소세율을 낮추면서 기업의 투자를 장려했지만, 현실은 대기업의 현금 자산만 늘려줬다는 지적이 나온다. 투자가 늘어난 것도 일자리가 늘어난 것도 아니다. 많은 전문가들이 당분간 경기 침체를 예상하는 상황에서 시의적절한 정책 판단은 아니라고 비판했는데도 누구를 위한 정책인지 알 길이 없다.

행정 각 부처의 주변화, 기재부의 정책 독점에 불만이 팽배한 상태이다. 고용, 노동, 보건, 복지, 환경, 중소기업 등 전문 분야별 실질적 기능 수행에는 한계가 있다. 행정 각부 장관들은 기재부의 국장화, 공공 기관들은 기재부의 팀장화가 되고 있는 상황이다. 2008년 이명박 정부에서 기획예산처와 재정경제부를 통합하며 비대해진 권력을 낳은 꼴이다. 무엇보다 경제정책을 총괄하는 기획재정부의 권력을 분산하고 명확한 책임을 부여해야 한다. 또한 각 정부 부처가 제대로된 국정 운영의 축이 될 수 있도록 혁신과 개편이 과감하게 이루어져야 한다.

정부 혁신과 개편은 다음과 같은 네 가지 방향으로 이루어져야 한다.

첫째, 헌법이 부여한 정부의 역할과 책임을 충실히 이행하기 위해 보다 수평적이고 민주적인 국정 분담 체계를 구축해야 한다.

둘째, 디지털 대전환 시대의 디지털 혁명과 탄소중립 시대를 선도적으로 실행하기 위해 미래지향적이고 선도적인 정부 기능과 역할을 확대 강화해야 한다.

셋째, 보통 사람들이 체감하는 민생 경제를 실현하기 위해 국민 생활과 산업 현장 중심의 국가 경제 운영 체계로 재편해야 한다.

넷째, 선도국가 시대를 맞이하여 국민의 보편적인 삶에 대한 국가 책임을 강화하기 위해 사회통합적이고 포용적인 국정 운영 체계를 구축해야 한다.

정치의 핵심은 책임이다. 대통령과 여당은 무한 책임이라는 말의 무게를 느껴야 한다. 이태원 참사나 오송 참사 등에서 정부와 여당은 무얼 했는가. 1년이 지났지만 참사 피해자들의 온전한 회복과 치유를 위해 무엇을 했는지 돌아봐야 할 때이다.

그런데 대통령실과 정부, 여당에선 오히려 트라우마를 키우는 발언들이 잇따르고 있다. 상처에 소금 뿌리는 행동이나 다름없다. 참사에 큰 책임이 있는 이상민 행정안전부 장관 해임안이 통과됐다고 국정조사를 보이콧했다. 예산안 처리를 빌미로 국정조사를 공전시킨 게 누구인가? 참사에 대한 책임

규명 없이 온전한 치유는 불가능하다는 걸 명심해야 한다. 여당의 태도는 대통령이 이 사건을 어떻게 보는지 규정하고 있으며 여당 인사들의 막말은 국민에 대한 모독으로 읽힌다.

159명의 목숨을 앗아간 이태원 대형 참사에 누군가 책임져야 한다. 이상민 행안부 장관은 해임건의안 통과되기 전에 스스로 책임지고 물러났어야 한다. 이런 대형 참사에 책임지는 사람이 없다는 게 과연 정상인가. 책임을 묻는다고 한다면 행안부 장관이 전체적인 책임을 지는 것이다.

지금 우리나라는 자치경찰제가 도입되고 있는 초기이므로 서울시장도 책임이 있다. 그동안 민주당도 이 부분에 대해서 살피지 않은 건 전략적 실수라고 볼 수 있다. 문재인 정부에서 경찰의 자치경찰제 시작을 예고했고 지금 제도화되고 있다. 이것은 서울에서 일어난 사건이므로 서울에서 일어난 사건의 자치경찰에 대한 제도의 최고 책임자는 서울시장이다. 국정조사 특위에서 이 부분에 대한 민주당의 세밀한 점검이 필요했다.

국민에 대한 예의를 지키는 것은 정치적 책임을 지는 것이다. 대통령은 이제 검사 역할이 아니라 대통령 역할이 필요한 때이다. 대통령이 국민을 보듬고 함께 고통을 감내하지 않으면 대체 정치라는 게 무슨 의미가 있겠는가. 누가 뭐래도 위험에 대응하지 못한 정부 책임을 피할 순 없다. 여러 부처에 분산된 실무자급이 아니라 정부의 최고위급 총괄 대표와 유족 대표가 지금이라도 책임지고, 문제 해결을 위해 하나로 집중된 대화 채널을 열 필요가 있다.

"망치를 들면 모든 게 못으로 보인다."는 말이 있듯이 모든 걸 정쟁이라고 몰지 말고 책임 있는 태도로 빠르고 명명백백하게 진상을 규명해야 했다. 이태원 참사 및 현 정부에서 발생한 여러 참사를 대하는 태도는 현 정부의 민낯을 보여주었다. 과연 현 정부는 '국민', '안전', '책임'이라는 말에 대한 무게를 느끼고 있는 것인가.

현 정부는 지난 정부의 잘못만 들추고 부정적인 시선만 보낼 것이 아니라 계승할 것은 계승하고 혁신할 것은 혁신하면 된다. 문재인 정부는 평화를 지향하면서도 우리나라의 군사력을 6위로 올려놓았다. 한반도의 여러 상황으로 보았을 때 평화와 자주국방은 함께 가야 한다. 경제도 유엔에서 선진국 반열에 올랐다고 인정할 정도로 성과가 있었다. 문화도 전폭적으로 지원하되 창작의 자유를 간섭하지 않는 정책으로 K-팝, K-드라마, K-시네마 등의 K-컬처 시대를 실현했다. 특히 방역에 있어서는 박수를 받을 만했다. 우리나라는 팬데믹이 시작되고 지난 2년 동안 세계에서 호주, 대만 등과 함께 성공적인 방역을 한 국가로 손꼽히고 있다.

물론 부동산정책에서는 미진했던 점도 있었다. 그러나 그것이 왜 국민에게 인정받지 못한 정책이 되었는지 보완하고 혁신하면 이는 현 정부의 성과로 남게 된다. 현 정부의 뒤를 이을 다음 정부가 현 정부의 잘못만 들추게 된다면 그때도 지난 정부 탓만 할 것인가? 오히려 지금부터 국민에게 인정받을 성과에 집중하는 것이 어떨까.

우리는 프랑스의 변화에 주목할 필요가 있다. 프랑스는 악명 높은 관료주의와 파업에 몰두하는 노동조합으로 인해 개혁이 불가능한 나라, 유럽에서 가장 높은 세금 부담으로 기업들은 해외로 떠나고 기득권을 고수하는 사회 구조로 인해 높은 청년 실업률을 기록하는 나라로 여겨졌다.

그런 프랑스가 2018년부터 2022년까지의 누적 GDP 성장률은 독일의 두 배에 이르렀고, 유럽에서 가장 많은 해외 직접 투자를 유치하고 있다. 중앙집중화된 체제를 통해 민간 부문의 산업을 지원하고, 투자자를 유인하며 기업가를 육성하는 데 성공했을 뿐만 아니라 신속한 정책으로 위기 상황을 타개했다. 프랑스의 긍정적 변화는 2017년 마크롱 대통령 취임 후 지속적인 개혁에 힘쓴 결과이다. 이는 국가가 올바른 방향을 잡고 일관된 정책을 신속하게 전개하면 어떤 결과를 가져오는지 보여준다.

윤석열 정부는 가장 중요한 국정 과제로 노동, 교육, 연금 개혁을 주장하지만, '왜'는 말하는데 '어떻게' 하겠다는 방법론과 실체가 안 보인다. 대통령이 반드시 이루겠다는 정책이라면 구체적인 계획과 단계까지 나오고 국민에게 이야기해야 하는데 구체성이 보이지 않는다. 방법에 대한 로드맵이나 구체성 없이 슬로건만 보여주는 것이라면 시작만 요란하고 결과는 보잘 것 없는 것으로 되기 쉽다.

3대 개혁을 완수하기 위해서는 국회가 절대적으로 필요

하며 야당과의 협치가 매우 중요하다. 하지만 윤석열 대통령의 신년사부터 인터뷰, 대통령의 언어에서 '협치'나 '통합'이라는 말이 사라졌다. 야당 대표가 요구하는 영수회담도 여전히 수락하지 않고 있다. 보여주기식 개혁이 아니라면 구체적이고 세밀한 방법론이 나와야 한다. 개혁은 혁명보다 고통스러운 작업이라고 하는데, 나중에 개혁이 좌절됐다며 야당 탓으로 책임을 떠넘기려는 총선용 잇속이나 정치적 계산이 아니라면 지금이라도 제대로 된 국정 운영이 필요하다.

노동, 교육, 연금 개혁의 과제는 목표보다는 방법에서 어떻게 하느냐가 매우 중요하다. 개혁 과제마다 세밀하고 치밀하고 명확해야 한다. 여야뿐만 아니라 민관과 다양한 이해관계자와의 긴밀한 소통과 대화가 가능해야 한다. 노동, 교육, 연금 개혁은 반드시 필요하다. 여야가 함께 머리를 맞대고 반드시 성공시켜야 한다. 윤석열 정부가 국민을 위해, 국가의 미래를 위해 '생각할 수 없는 생각의 정치'를 보여주길 바란다.

표준국가의 도시 – 공공재로 일석이조의 효과를 노린다

한덕수 국무총리는 국회 예산결산특별위원회 종합정책질의에서 택시 기본요금을 묻는 야당 의원의 질문에 한 1,000원쯤 되지 않느냐고 했다. 이후 문제가 되자 인상 폭으로 착각해 잘못 답한 것이라고 해명했다. 그런데 다음으로 받은 질문 역시 서울시 시내버스의 기본요금이었다. 그는 한 2,000원이라고 자신감 없는 대답을 했다. 현재 서울시의 시내버스 기본요금은 2023년 9월 12일 인상돼 1,500원이다.

최근 전국여객자동차터미널사업자협회는 코로나19 시기인 2020년부터 2022년까지 3년 동안 전국 314개 버스터미널 중 18곳이 폐업했다고 발표했다. 인구 100만에 육박하는 성남시에서조차 40년 만에 도심 필수 시설인 터미널이 사라지고 있다. 코로나19 시기와 더불어 인구 감소의 영향으로 이용객이 줄어들면서 적자 폭이 눈덩이처럼 불어남에 따라 업주가 사업을 포기할 수밖에 없는 지경에 처하게 된 것이다.

2022년 미국 보스턴 시장에 당선된 미셸 우는 파격적인 시정으로 주목을 끌었다. 바로 대중교통 무상화로, 보스턴 외곽을 순환하는 세 개 노선의 버스 요금을 2024년까지 실험적으로 무상화한 것이다. 대상 노선은 저소득 노동자와 가난한 유색 인종이 주로 분포하고 있는 도심 외곽 지역과 시내를 연결하는 23, 28, 29번 버스였다.

과연 어떤 결과가 나타났을까? 버스 요금 무상화라면 버스 회사는 요즘 말로 '폭망'한 게 아닐까?

보스턴 시의원을 지냈던 미셸 우는 어떤 결과가 나올지 이미 예상했던 모양이다. 미셸 우는 시장이 되기 전에 이미 그 노선을 체험했다. 그런 시뮬레이션이 있었으니 공약으로 내세웠으리라 본다. 무상화 이후 해당 노선의 탑승객은 전년도인 2021년에 비해 두 배로 늘었고, 요금 내는 시간이 사라지자 노선당 21% 정도 운행 속도가 빨라졌으며, 탑승객들은 당연히 적지 않은 생활비를 아낄 수 있었다. 또한 저소득층의 시내 접근성과 교육과 취업 가능성 또한 제고되었다. 대중교통이라는 필수 서비스 강화로 유색 인종과 노동자들의 삶의 질을 올리고 자동차를 줄여 탄소 배출량을 감축하는 효과를 낳았다. 버스 요금을 무상화했는데 반사이익은 상당했다.

이는 보스턴 외곽의 일로 끝나지 않았다. 보스턴이 속한 매사추세츠주 차원에서도 2022년 연말 37일 동안 일부 노선의 버스 무상화가 시행됐다. 이후에도 요금을 인하할 방침으로, 그 재원을 위해 주 의회가 '백만장자 조세' 수정안을 통과시켰다. 연간 소득 1백만 달러를 초과하는 부자들에게 4%의 추가 세금을 징수해 대중교통 요금을 인하하자는 것이다.

뉴욕 타임즈에 따르면, 최근 보스턴처럼 대중교통 무상화 실험을 시도한 도시는 전 세계에 100여 곳 정도가 된다고 한다. 물론 유럽의 경우 '불평등 해소와 탄소 배출량 감축'이라는 목적의식이 확실하다. 2013년에는 에스토니아의 수도 탈린에서 세계 최초로 탄소와 대기오염을 감축하기 위해 기차와 버스 등 대중교통을 무상화했다. 이어 2018년에는 프랑스의 덩케르크가 버스를 무상화했는데, 앞선 보스턴의 사례와 유사하게 이용객 수가 늘고 도시 상권이 활성화되었으며, 개인 자동차의 이용이 감소했다. 도시 단위가 아닌 국가 단위로 대중교통 무상화를 최초로 시도한 국가는 룩셈부르크였다. 오스트리아는 '기후 티켓'이라고 적힌 저렴한 이용권을 발매했으며, 덴마크와 이탈리아 일부 도시, 몰타 등 50여 개의 도시에서 무상화와 이용요금 인하가 진행되고 있는 추세이다.

또 주목해봐야 할 것은 2022년 독일에서 발매한 '9유로 티켓'이다. 9유로 티켓은 시민들의 필수 생활비를 줄이고 탄소 배출량을 감축하기 위해 3개월 동안 9유로로 모든 대중교통을 이용할 수 있는 티켓으로 세계적으로 많은 관심을 받았다. 독일의 9유로 티켓의 결과 역시 앞선 예시들과 크게 다르지 않았다. 대중교통 이용객이 늘고, 대기질이 개선되었으며, 총 180만 톤의 이산화탄소 저감 효과를 가져왔다. 이는 약 9,000만 그루의 나무를 심은 것과 같은 효과였다. 스페인의 경우 한층 더 나아가 2023년까지 기차무상화정책을 시행 중이며, 기업에 '횡재세'를 매겨 그 재원을 충당하고 있다.

세계적으로 이러한 변화가 일고 있는 것은 대중교통은 필수 공공재라는 단순한 이치와 심각한 기후위기의 해결 방안으로 탄소중립에 눈을 돌리고 있기 때문이다. 민영화의 왕국이라 불리는 영국에서도 대중교통을 필수 공공재로 대우하기 시작했다. 신자유주의 아래에서 공공성은 한동안 무시되어 왔는데, 전체적으로 경제 활성화를 위해서도 서민을 위한 공공성은 필요하다는 것을 인식한 셈이다.

전 세계는 지금 심각한 기후위기의 해결 방안으로 탄소중립에 집중하고 있다. 전 산업 분야에서 교통 부문은 2017년 기준 OECD 국가의 전체 탄소 배출량의 36%, 전체 에너지 소비량의 29%를 점하고 있다. 그래서 전 세계가 탄소중립을 실현하기 위해 친환경 대중교통정책을 추진하고 있다. 대중교통체계 혁신은 기후위기 대응 방안은 물론 도심 교통 체증을 완화하기 위해서도 반드시 필요한 일이다.

대중교통체계 혁신 방안 중 하나가 요금을 무상화하거나 파격적인 가격의 정액권을 도입하는 것이다. 언급했던 대로 대중교통 무상화의 사회경제적 효과는 투입되는 예산을 상쇄하고도 남는다. 오히려 환경 보호, 교통 체증 완화 등의 효과로 인해 대중교통체계 전체의 가격 경쟁력이 높일 수 있다.

그런데 우리나라는 이러한 변화를 무시하고 대중교통 요금을 인상하고 있으니 대다수 서민의 삶이 갈수록 팍팍해지고 있다. 대중교통 무상화를 우리나라에도 적용한다면 그 많은 버스터미널이 문을 닫는 일이 줄어들 것이며 터미널과 연관되는 지역 상권 또한 살아나는 효과를 낳을 수 있을 것이다.

경북 청송군에서도 전국 최초로 농어촌버스청송버스 무료 승차 도입으로, 낙후된 교통 환경을 개선하고, 주민 교통복지 향상을 위해 솔선수범하고 있다. 청송군은 전체 인구 중 65세 이상 인구가 약 40%를 차지하는 초고령 사회로 지방소멸 위기에 놓여 있는 대표적인 지역이다. 청송군의 농어촌버스 요금 무료화는 시행 3개월 만에 청송군 시내버스 이용객을 20% 이상 늘렸다. 청정한 친환경 지역 '산소카페 청송군'의 이미지를 부각할 수 있고, 지역 경제 활성화도 이루어 질 것이라고 전망하고 있다.

청송군에 이어 세종시가 2025년부터 1월부터 전국 광역단체 최초로 시내버스 무상 이용을 전면 시행하겠다는 계획을 밝혔다. 현재 세종시는 도시 설계 당시와는 달리 통근 및 통학 수송의 70% 이상이 승용차로 이뤄지고 있어 전국 지자체에서 대중교통 수송 분담률이 가장 낮은 곳이다. 많은 차량으로 상습적인 정체와 대기오염이 악화되고, 무엇보다 기후위기로 탄소배출 감축이 시급한 환경에 역행하고 있어 대중교통 활성화 방안을 내놓은 세종시의 조치는 매우 시의적절하다.

앞으로도 많은 지자체에서 대중교통 무상화는 물론 대중교통은 필수 공공재라는 인식이 확산되었으면 한다. 대중교통 무상화는 일석이조의 효과가 있으므로 벤치마킹할 수 있는 것은 하고, 새롭고 획기적인 방안들이 많이 나오기를 기대해본다.

표준국가는 불평등을 넘어서야 한다

개발도상국이냐 선진국이냐의 기준에서 가장 크게 작용하는 것은 경제력이다. 경제가 고도로 발달하여 다양한 산업과 복잡한 경제체계를 갖추고 있거나 지속적으로 경제 개발을 하여 최종적인 경제 발전 단계에 접어든 국가를 선진국이라 한다. UN에서는 우리나라를 선진국으로 규정했다. 선진국의 기준에는 인간개발지수나 교육지수, 기대수명지수 등등이 포함되지만 1인당 GDP가 매우 중요한 요소가 된다. 1인당 GDP가 높아도 선진국이 아닌 경우는 있어도 1인당 GDP가 낮으면 선진국으로 분류될 수 없기 때문이다.

그런 점에서 우리나라는 1953년 대비 60년 만에 GDP 3만 배 상승을 기록하고 선진국의 대열에 들어섰다. 다만 우리나라 사람들은 지정학적 위치로 인해 선진국보다 강대국을 더 원한다는 것이다. 선진국이라고 해서 모두 강대국이 아니다. 선진국이면서 강대국이 될 수 있으려면 우리가 표준국가로서 기반을 잘 다져놓아야 한다.

우리나라는 어떻게 선진국의 대열에 서게 되었을까? 앞

서 언급했지만, 광복과 전쟁으로 다소 늦게 출발했지만 탄탄하게 일궈온 산업화가 그 바탕이 되었다. 1950년대에는 1차 산업과 미국의 원조로 연명했지만, 1960년대 후반부터 서독 광부 파견과 월남전 파병 등으로 벌어온 차관을 중공업 발전에 투자하면서 눈부신 경제 발전을 이룩했다. 비단 여기서 만족하지 않고 1980년대부터 반도체 산업에 집중 투자했고, 그 결과 제3차 산업 혁명은 물론 오늘날 제4차 산업 혁명에도 높은 발전을 이뤄냈다.

이러한 발전은 자원도 풍부하지 않고, 전쟁의 폐허까지 끌어안고 있어 좋은 조건이 아니었지만 과학기술력과 산업 경쟁력의 성과를 내기 위한 노력이 뒷받침되었기에 가능했다. 특히 지정학적 조건을 극복하기 위해 대체 불가 기술을 확보하여 우리의 강점을 만들기 위한 시간이었다. 이는 앞으로도 반드시 필요하다.

다만 산업화로 나라의 경제력은 탄탄해졌지만 1990년대 후부터 우리나라의 불평등은 심화되었다. 경제 규모가 커지고 지금까지 오면서 불평등은 심각성을 띠고 있다. 이때 우리나라의 경제 전략을 어떻게 짰어야 했을까? 여기에 대해 고민이 필요했던 시점이 있었다. 정치제도로 보면 문민 정부에서 현재 윤석열 정부에 이르기까지 선거를 통해 안정적인 권력 교체로 우리나라는 정치 선진국형으로 나아가고 있다.

그렇다면 경제 모델도 안정적으로 흘러왔다고 할 수 있을까? 국가 경제가 신자유주의 모델로 진행되면서 우리나라는 개방국가, 통상국가의 기조로 대외의존도가 120%가 되기 때문에 당연히 그 부분에 대해 산업 전략을 짰다. 국가는 분명 부강해졌지만 실질소득으로 볼 때 국민도 그만큼 부유해졌는가?

비단 우리나라만의 문제는 아니지만, 현재 우리나라의 임금상승률은 물가상승률에 비해 부족하다. 부유해진 건 국가와 대기업, 자산가들과 고소득층들이다. 1980년대 그 많던 중산층은 분리되어 중하층으로 떨어졌고, 결국 서민층이 비대해진 결과를 낳았다. 고소득층과 서민층의 소득 격차가 300배 이상 차이 나는 수준이다. 대기업과 중소기업의 격차는 갈수록 벌어지고 있고, 정규직과 비정규직의 경우도 마찬가지이다. 국가가 선진국에 진입했다면 국민이 함께 성장할 수 있도록 도와야 한다.

표준국가에서는 소득 균형이 이루어져 경제적 양극화가 극복되어야 한다. 대기업의 경우 국제적 경쟁력을 가지고 있어 충분히 자생력을 가지고 있다. 중소기업에도 경쟁력을 갖출 수 있도록 제도적 환경을 개선하여 경제의 불균형을 극복할 때 진정한 경제 강국의 기반을 마련할 수 있다.

고물가 상황으로 인한 공공요금 인상은 국가 경제를 운용하는 정권의 책임으로만 보기에는 어려운 문제이다. 하지만 공공요금 인상에 제대로 대응하지 못해 생기는 사회적, 정치적 문제는 온전히 정권의 책임이다. 민생에 민감한 사안에 대해 대통령이 솔직한 태도로, 민생에 혼신을 다하는 태도로 접근할 필요가 있다. 당장의 어려움을 함께 극복하는 차원에서 대폭적인 민생 지원책도 마련해야 한다.

표준국가가 되려면 덴마크를 깊게 살펴 볼 필요가 있다. 덴마크의 복지가 하루아침에 이루어진 것은 아니라도 방향과 구체적인 과정을 이해하는 게 중요하다. 왜 덴마크인지 살펴보면 알겠지만, 국민이 서로를, 국가를 신뢰할 수 있는 사회라면 표준국가는 멀리 있지 않다.

단네브로그Dannebrog는 현존하는 국기 가운데 가장 오래된 것으로 알려진 덴마크의 국기이다. '덴마크의 힘'이라는 뜻이 담겨 있는데, 달리 말하자면 중산층의 힘으로 알려지기도 했다. 이는 덴마크 사람들이 추구하는 가치를 엿볼 수 있으며 근대 이후로 오늘날까지 중산층을 더 확대하고, 다수의 보통 사람들의 문화를 튼튼히 다지겠다는 의지로 볼 수 있다.

앞서 언급했던 얀테의 법칙도 이들은 저마다의 역할을 가지고 더불어 상호 작용하는 가운데 개성과 장점을 발휘하는 문화를 추구한다. 그러므로 승부의 결과로 서열을 매기지 않고, 다양하고 꾸준한 기회를 제공해 낙오자를 만들지 않으며, 가질 건 갖고 나눌 건 나누자는 문화가 형성된다.

덴마크가 역량을 발휘하는 산업 분야는 제약, 바이오 산업이다. 이 중 세계 3위권의 바이오 클러스터로 평가받는 메디콘 밸리Medicon Valley가 덴마크 산업의 핵심이다. 이곳은 1900년대 초반 레오파마를 시작으로 노보 노디스크, 룬드벡 등이 먼저 이 지역에 자리를 잡자 다른 제약사와 의료기기

기업, 병원 등이 자연스럽게 모여 형성되었다. 주목할 만한 점을 정부가 지방자치단체가 의도적으로 개입하지 않은, 자발적으로 클러스터를 만들어냈다는 점이다. 또 다른 특이점이라고한다면 덴마크와 스웨덴이라는 두 국가에 걸쳐 형성됐다는 것이다.

메디콘 밸리는 단순한 산업 클러스터를 넘어 다양한 산학 연계와 자금 투자가 이뤄진다. 그렇기에 메디콘 밸리는 고부가 산업의 고질적 문제인 연구 관련 문제를 해결할 수 있는 탄탄한 교육적 기반을 가진 곳으로 평가받고 있다.

자본주의 사회에서 경쟁은 효율적인 시스템이기는 하다. 인재 선별은 물론 능력과 수준 향상에도 용이하다. 그러나 문제는 이런 경쟁이 효율이 아닌 신분 상승의 기회로 변질되었다는 점이다. 맹목적인 경쟁은 다양성을 해치게 되고, 목표를 향한 문이 갈수록 좁아지게 된다. 원래 효율을 위해 시작되었던 경쟁은 과열 경쟁으로 부정적인 요소로 범벅되어 비효율로 목적을 잃게 된다.

덴마크 사회에서 경쟁은 선순환의 범위 안에서만 이루어진다. 불필요한 경쟁은 멀리하고 정당하게 겨루면서 최적의 효율을 유지한다. 덴마크의 경쟁력을 설명하는 키워드는 '신뢰'로 국가 청렴도를 나타내는 지표인 국가별 부패인식지수에서 덴마크는 최근 10년 정도 줄곧 1위를 지키고 있다. 그만큼 국민이 국정 운영에 신뢰를 보내고 있다는 것이다. 덴마크의 복지 시스템 역시 국민 모두 동일하게 혜택을 누릴 수 있게 되어 있다. 내 자식만의 교육을 위해 사교육비를 지출할 필요도 없을 정도로 덴마크의 공교육은 이미 최고의 수준이다.

덴마크의 고용노동 환경을 대표하는 말이 '유연안정성'이다. 즉 기업은 해고에 따른 부담 없이 경쟁력이 약화된 부분을 중심으로 자유롭게 구조조정을 진행하여 전체 경쟁력을 제고시키고, 장기적으로는 더 경쟁력 있는 일자리를 창출하여 고용을 증대한다. 노동자는 국가적으로 지원되는 복지 혜택의 큰 틀 아래서 실업급여와 재취업 지원 프로그램을 통해 실업 기간에 경제적 어려움 없이 훈련 및 재취업 노력 등을 거쳐 노동시장에 복귀한다. 이렇게 기업과 노동자의 서로 상반된 입장을 결합시킨 것이 유연안정성이다.

민주주의 성공은 추구하는 이상의 실현에 앞서 균형을 맞추는 데 있다. 불평등을 해결하기 위해서도 개인의 자유와 정치적 평등 사이의 균형 그리고 합당한 권력을 행사하는 능력 있는 국가와 그 국가 권력을 제한하는 법과 책임성의 제도 사이의 균형이 핵심이다. 성과를 보이기 위한 정책에만 주력할 것이 아니라 국민을 정치적 선택 능력을 가진 평등한 주체로서 제대로 인정하는 것부터 출발해야 한다.

중산층이 강해야 표준국가가 산다

지금 우리나라 경제는 비상시국이다. 민생 경제는 계속 위험 신호를 보내고 있고 중산층은 붕괴되고 있다. 우리 사회의 허리 역할을 해온 중산층의 붕괴는 사회의 발전 동력을 쇠퇴시키고, 사회적 불안을 야기하며 계층 간의 갈등을 격화시킬 수 있다는 점에서 매우 심각하다.

매년 4~5만 명에 이르는 중산층이 몰락 위기를 겪고 있다고 하는데, 일례로 2018년부터 2022년까지 최근 5년간 일반회생 신청자가 22만 9,331명인 것으로 나타났다. 일반회생절차란 재정적 어려움으로 파탄에 직면한 채무자에 대해 이해관계자의 법률 관계를 조정해 채무자의 회생을 도모하는 제도이다. 신청 조건은 담보 15억 원무담보 10억 원 이상이어야 한다. 즉 의사, 한의사, 변호사, 개인사업자 등 영업소득자나 공무원, 교사, 봉직의 등이 신청권자다.

우리나라의 중산층 붕괴는 가파르게 진행되고 있다. 1990년대 중산층은 74%에 해당되었는데, 2015년 기준 67%로 7%p나 줄었다. 2022년 11월 현대경제연구원이 발표한 '국내 중산층 이탈현황과 시사점'에 따르면, 중산층 비중은 2019년 47.1%에서 2020년 44.0%로 하락했다. 1년 만에 3.1%p 감소한 것이다. 중산층 비중이 줄어들며 전체 소득도 마이너스이다. 통계청은 전체 소득의 중간 순위 값인 중위 소득을 기준으로 50~150% 수준 소득 계층을 중산층으로 분류한다. 이런 중산층 소득이 전체 소득에서 차지하는 비중은 2019년 55.8%에서 2020년에는 53.9%로 줄었다. 금액으로 환산하면 월 177만 원에서 2020년에는 월 160만 원으로 9.6%가량 빠진 셈이다.

우리나라 국민이라면 축구 국가대표팀 경기를 밤을 새가며 TV를 시청한 경험이 한 번쯤은 있을 것이다. 축구 경기를 보다 보면, 승패는 언제나 미드필드에서 판가름이 난다는 것을 알 수 있다. 미드필드 싸움에서 누가 주도권을 쥐느냐가 곧 경기의 승패를 좌우할 만큼 중요하기 때문이다. 미드필드는 신체로 따지자면 허리에 해당한다. 축구도 허리가 튼튼해야 이기는 것처럼 우리 경제도 마찬가지다. 국가 경제의 허리를 담당하는 중산층이 얼마나 많고 건실한가가 국가 경제의 건전성과 발전 가능성을 예측할 수 있는 중요한 기준이 된다.

중산층은 단순히 중위 소득의 그룹을 말하는 것이 아니다. 정치, 경제, 사회문화적으로 중산층이 차지하는 위치는 매우 중요하다. 경제 성장과 사회 통합의 기반이다. 중산층의 소비가 위축되면 내수 경제는 활력을 잃게 된다. 중산층이 허약해 양극 간 계층의 불평등이 심화하면 계층 갈등으로 인해 사회의 불안정성은 높아진다. 반대로 중산층이 건실하게 받쳐주는 국가라면 사회 통합이 잘 이뤄지고 정치적으로도 안정을 이루게 된다. 이렇듯 중산층은 경제뿐 아니라 그 사회의 안정성을 지켜주는 안전판과도 같다. 어느 나라든 중산층이 강해야 나라가 부유해질 수 있다.

그래서인지 미국 대선에서도 '중산층 복원'이 주요한 화두였다. '트럼프 현상'으로 불리는 기저에는 '중산층의 분노'가 있다는 분석이 지배적이다. 가까운 일본의 예도 있다. 일본 경제는 1960년대에 눈부신 성장을 했다. 당시 일본 국민은 전체 인구 중 90%가 자신들을 '자칭 중산층'이라 생각했다. 그러나 1992년 일본의 거품경제는 붕괴되었다. 기업 도산, 집값 하락, 대량 실업 사태로 중산층은 무너지고 일본 경제는 '잃어버린 30년'을 겪게 되었다.

그런데 우리나라의 중산층이 몰락했다기보다 분화되었다는 주장이 있다. 구해근 하와이대 명예교수는 저서《특권 중산층》에서 우리나라 중산층 상위 10%에 해당하는 특권 중산층이 새로 등장했다고 밝혔다. 1997년 외환위기 이후 우리 경제에는 질적인 변화가 일어났는데, 기술·자본 집약적 산업으로의 이행, 부동산 버블, 한국 경제의 글로벌 시장 편입 등이다. 그 결과 부유한 전문직·관리직 엘리트 등은 특권 중산층을 생성했고, 반면 대기업·정규직 위주 1차 노동 시장과 중소기업·비정규직 위주 2차 노동 시장이 분화되면서 중산층에서 이탈하는 집단적 추락이 존재했다.

구해근 교수는 《특권 중산층》에서 "경제적으로 불안하고 사회적으로 하향 이동의 위협을 항시적으로 느끼고 있는 대부분의 일반 중산층과 그와 반대로 경제적으로 잘나가고 있으며 사회적으로나 문화적으로도 특권적 기회를 많이 누리는 소수 부유층으로 분화되어 있다."고 하면서 21세기 우리나라의 중산층은 과거처럼 사회의 균형을 잡아주고 경제 성장과 민주주의 발전을 안정적으로 추동하는 세력이 될 수 없다고 했다.

실제로 중산층의 분화는 여러 문제를 안고 있다. 소비를 통한 신분 경쟁, 주거지의 계층적 분리, 치열해지는 교육 경쟁 등으로 특권 중산층과 일반 중산층 사이의 계급 구별이 심화되고 있다. 특권 중산층은 계급 유지를 위해 자녀 교육과 취업에 몰두한다. 학벌은 곧 취업과도 연결되므로 사교육 시장이 치열해질 수밖에 없다. 특히 강남을 준거 집단으로 삼는 과도한 경쟁이 우리 사회를 병들게 하고 있다.

우리 사회의 버팀목이 되어줄 중산층의 분화는 희망의 단절과도 같다. 1997년 외환위기 이후 계층 이동의 길이 막혀 버렸다. 계층 상승의 사다리가 끊기고, 아무리 열심히 일해도 안 될 것이라는 좌절감은 더 이상 희망을 품지 않게 하고, 도전을 잃게 한다. 도전이 없는 사회에서 활력이 생길 리 없다. 위기를 극복할 힘도, 통합도 불가능한 사회가 되어 버린다. 특권 중산층의 등장에서 비롯된 상대적 박탈감은 사회를 향한 분노를 자극한다. 사회 안정 세력이던 중산층이 자기 역할을 상실하게 되면 경제 양극화가 정치 양극화로 이어지게 된다.

중산층과 함께 우리 경제를 떠받치는 또 하나의 허리는 중견기업이다. 중소기업을 중견기업으로 키우고, 중견기업이 대기업으로 진입해야 하지만, 현재 우리나라의 대기업 중심의 경제 기조에서 중소기업은 당장 오늘의 생존도 힘든 상황이다. 많은 중소기업이 대기업의 하청업체가 되어 지극히 불공정하고 착취적인 사업 관계를 맺고 있는 구조도 문제다. 경제를 떠받치는 중산층과 중견기업이 통째로 와르르 무너질 위기 상황에서는 경제가 잘 돌아갈 리가 없다.

중산층의 위기는 우리 경제의 위기다. 중산층의 분화는 필연적으로 우리 경제의 붕괴로 이어질 수밖에 없다. 이제는 목적의식적인 중산층 육성정책이 필요하다. 극심한 불평등과 양극화만 심화시키는 경제 기조로는 중산층 붕괴만 더욱 심화시킬 뿐이다. 중산층이 모래성처럼 무너지고 있는 지금, 여전히 대기업만 잘 되면 경제가 살아날 것이라는 낡은 경제관으로는 지금의 위기를 극복할 수 없다. 우리 경제의 가장 핵심 문제는 여전히 중산층이다.

그동안의 경제 성장 결과물이 대기업과 최상위층에게 집중되고, 중산층의 몰락으로 이어지며 심각한 경제 양극화와 유례를 찾아보기 힘든 출생률 저하, 자살률 세계 1위의 나라를 만들고 있다.

윤석열 정부 들어 철 지난 신자유주의정책과 보편적 복지축소로 인해 다시 중산층 몰락이 가속화되고 있다. 윤석열 대통령은 소득 주도 성장을 폐기했고 상위 0.1%의 세금을 낮추어 양극화를 부추기고 있다. 부자와 재벌 감세 그리고 각종 부동산 규제 완화와 고환율을 통한 수출 대기업 위주 정책으로 실질적인 가처분소득은 줄어든 반면, 대기업이나 금융 기업들의 이익이 늘어나는 구조가 이명박 정부나 박근혜 정부의 기조와 다르지 않기 때문이다. 중산층의 몰락은 결국 예외 없이 빈곤층의 확대로 이어질 수밖에 없다.

재벌과 대기업 편향의 경제에서 서민과 중산층 중심으로 경제 패러다임을 바꿔야 한다. 우리 경제의 가장 큰 문제는 소득 불평등이다. 상위 1%의 근로소득과 중위 근로소득 간의 격차는 31.8배로 증가했다. 상위 10%가 전체 근로소득의 30%를 차지하고 있을 정도로 근로소득 쏠림현상은 심각하다. 세계 주요국 중 미국 다음으로 높다. 특히 상위층에 소득이 쏠리는 속도는 세계에서 가장 빠르다.

이제는 더 머뭇거릴 시간이 없다. 경제 민주주의를 주요 국정 운영으로 삼아 낡은 경제 구조를 혁신하고, 서민과 중산층의 임금과 소득이 성장하는 경제정책으로 민생을 살려야 한다. 그래야 우리 경제의 미래가 있다. OECD는 소득 불평등이 경제 성장의 최대 걸림돌임을 지적하면서 소득 불평등을 줄이기 위한 부자 증세, 조세 개혁과 적극적인 소득재분배 정책을 권고했다. 근로소득 격차를 해소하고 최저임금을 인상하는 등의 정책은 국가의 미래를 위한 설계다. 중산층이 두터워져야 세금도 많아지고 인구도 많아진다. 중산층 비율을 확대하는 정책이 시급하다. 그래야 우리나라가 표준국가로서 굳건히 자리매김할 수 있다.

현재 우리나라의 가계실질소득 증가율은 마이너스이다. 소득이 신통치 않은 가계가 지갑마저 닫아 소비 성향도 사상 최저 수준이 될 수밖에 없다. 임금과 조세체계 정상화로 서민과 중산층의 가처분소득을 늘려야 한다. 가계소득이 늘어야 소비가 정상화되고, 내수 경제가 활성화될 수 있다. 일한 만큼 받는 임금, 국민의 땀이 기쁨이 되고 희망이 되는 경제, 그것이 민생의 시작이다.

기업가형 경제는 대기업만 키우는 것이 아니라 서민과 중산층, 소상공인과 중소기업이 경제 활동을 하면서 '번영과 부를 이룰 수 있다.'는 경제 환경을 만드는 것이다. 그러기 위해서는 높은 수익을 내는 대기업에는 법인세를 정상화하고 중소기업과 소상공인의 세금은 선별적으로 인하하는 정책을 마련해야 한다. 초고소득자에게는 구간별 세액을 더 높이고, 서민과 중산층에게는 과감한 세제 혜택을 지원해야 한다.

민생 경제를 위해서는 과감한 재정 확대를 시행하고, 스타트업과 일자리 창출기업에게는 그동안 대기업에게 지원했던 R&D 예산과 같은 지원을 아끼지 말아야 한다. 기업가형 정부는 바로 서민과 중산층의 경제 활동을 적극적으로 지원하고, 법과 제도를 마련해 국민 경제에 적극적으로 이바지하도록 도전 정신과 기업가 정신을 확대해야 한다. 이러한 경제 정책의 방향과 지원은 서민과 중산층의 경제적인 안정과 번영이 경제 활성화로 이어지는 선순환을 마련할 것이다. 이것이 바로 민생 경제가 위기로 가는 것이 아니라 V자 곡선이 되어 도약하는 첫 신호가 될 것이다.

하지만 지금 우리 정부의 경제정책은 오히려 거꾸로 가고 있다. 부자 감세, 재벌 감세, 대기업 법인세 인하는 오히려 상류층과 고소득 특권중산층의 자산과 대기업의 보유금만 늘리고 있다는 경제전문가들의 지적처럼 민생 경제에 피멍을 들게 하는 것도 모자라 보통 사람들의 소박한 삶마저 무너뜨리고 있다. 이제라도 대담하게 경제정책을 수정해야 한다. 밤낮으로 땀 흘려 일하고도 일한 만큼 받지 못하고, 번 것은 높은 물가로 인한 실질소득 감소와 세금으로 지출하는 지금의 경제 구조는 바뀌어야 한다.

민생보다 정치적 득실이 앞설 수는 없다. 국민의 제일 큰 관심도 단연 먹고사는 경제 문제다. 대통령과 여야가 머리를 맞대고 풀어야 한다. 그것이 지금 정치권에 주어진 최대의 숙제이다. 정치가 곧 민생 경제이며 정치가 민생 경제 위기 극복의 해법을 찾아야 한다. 이념과 진영 논리를 벗어나, 정부와 국회가 실사구시 하는 자세로 해법을 찾아가야 한다.

5

표준국가의 리더십,
포월의 정신

포월 정치, 경계를 넘는 크로스오버

조선 왕조의 역대 국왕들과 왕후들의 신주를 모시고 제례를 지내는 사당인 종묘, 그곳에 작은 신당이 하나 있는데, 바로 고려의 왕 공민왕의 신당이다. 왜 조선 역대 국왕들을 위한 사당에 공민왕이 포함되었을까? 기울어가는 고려의 국운을 되살리기 위해 개혁을 추진했던 공민왕을 모신 정확한 이유는 알 수 없지만 대체로 백성들에게 조선이 고려의 정통성을 잇는 국가임을 알리고 싶었던 것으로 추정할 수 있다. 고려를 배척한 것이 아니라 고려를 품은 조선이기를 바랐던 조선 왕조의 국격이 아닐까 생각해본다. 무릇 리더십이란 이래야 하지 않겠는가. 내 편 네 편 가르기보다 품고 가는 것, 바로 포월의 정신을 담은 리더십 말이다.

"노랫소리가 듣기 싫다고 새를 죽이는 것은 옳지 않다."

세종이 훈민정음을 창제할 때 집권층과 지식인들의 극심한 반대에 직면했는데, 그중에는 집현전 학자 출신인 최만리도 있었다. 그는 14차례나 상소를 올릴 정도로 세종의 정책에 완강히 반대했다. 그런 최만리를 두둔한 말이다. 세종은 한글이 백성들에게 편리한 글임을 강조하면서, 최만리의 비판 상소를 적극적으로 반박하였다. 무엇보다 세종은 훈민정음을 효과적으로 반포하려면 반대 세력을 이끌고 가야 한다는 점을 잘 알고 있었다. 세종의 포월 정신을 엿볼 수 있을 뿐만 아니라 그가 위대한 리더십의 표본임을 인정하게 된다.

그렇다면 현재 우리나라 정치를 대변하고 있는 정치인들의 리더십은 어떨까?

김부식의 《삼국사기》 백제본기에 "검이불루 화이불치"儉而不陋 華而不侈라는 말이 나온다. 백제의 궁궐 건축을 두고 한 말인데, '검소하지만 누추하지 않았고 화려하지만 사치스럽지 않았다.'는 뜻이다. 조선 건국의 주역 정도전이 경복궁을 지으면서 새긴 뜻도 그러했다 한다. 백성들의 수고는 덜고 나라 살림에도 큰 부담이 안 되면서 결코 누추해 보이지 않도록 하는 것이 궁궐 건축의 원칙이었다.

이는 문재인 정부가 추구한 국정 운영 원칙이었다. 검찰 개혁과 같은 권력 기구 개혁을 통해 정권의 욕심을 경계하면서 국민을 향한 겸손하고 부드러운 국정 운영을 추구했다. 외교 역시 당당하지만 과하지 않고, 겸손하지만 함부로 하지 못하는 나라가 되길 바랐다. 북핵 위기에서 평화의 길을 찾고, 팬데믹 위기에서 성공적으로 국민의 생명을 지킨 것, 국가 경제를 선도국가 대열에 올린 것에 대해서는 박수 받을 성과였다고 본다. 분명 부동산과 교육 등 민생 분야에서 미진했던 부분도 있었다. 이는 다음 주자가 이어받아야 할 과제이기도 하다.

현재 우리나라 윤석열 대통령의 리더십을 '스트롱 맨 리더십'이라고 한다. 리더십의 시그니처는 결국 대통령의 품격과 안목에서 나온다. 미국의 시사평론가 월터 리프먼이 "리더의 마지막 실험대는 후임자가 그것을 계승하겠다는 의지를 갖게 하는 데 있다."고 말했듯이 대통령 리더십이 포용적인 성향이어야 여야 정치나 사회 전반에 포용적인 공기가 확산되는 법이다.

하지만 윤석열 대통령의 리더십은 무소불위의 권력으로 경쟁자에 대한 약탈과 승자 독식이 아무 부끄러움 없이 행해지고 있다. 이런 스트롱맨 리더십은 선진국에 전혀 맞지 않는 퇴행적인 용어에 불과하다. 무릇 정치는 상명하복의 습속에 젖은 극렬 지지층만을 상대로 하는 정치가 되어서는 안 된다. 과거에는 통했을지 모르지만 현재는 거부감만 전해줄 뿐이다. 강하면 부러지는 이치를 알아야 한다.

윤석열 정권의 최종 목표는 문재인 대통령과 이재명 대표를 나란히 재판정에 세우는 것이고, 이를 통해 민주당을 파괴하는 것이 아닐까 싶을 정도로 전 정권 흠집 잡기와 야당 대표와의 회담 거부 등의 일련의 행보를 보이고 있다.

화물연대 파업을 북핵 위협과 마찬가지라는 대통령의 메시지는 국민을 적으로 보는 것과 다름없는 위험한 관점이다. 이번 정부에서만 유난히 노동 문제가 발생한 것은 아니었다.

어느 정부에서든 노동 문제는 어렵고 힘들었다. 해법도 쉽지 않고 난관에 부딪치는 일도 많았다. 그렇다고 우리나라 국민을 북핵 위협과 같다는 말은 대통령이 절대 하지 말아야 할 메시지가 아닐까. 대통령은 전체 국민을 보고 정치를 해야 한다. 일부 지지층만 바라보는 포퓰리즘 정치인이 아니라 국가 수반으로서 품격을 지켜야 하는 위치에 있다.

민주노총에 대해서도 그렇다. 민주노총은 백만 명의 노동자들이 가입된 엄연한 법정 단체이다. 그 안에서 투쟁 방식과 주장하는 내용을 두고는 반대나 갈등이 있을 수 있다. 하지만 민주노총을 '북한 조선노동당 2중대'라고 공격하는 건 전혀 다른 문제이다. 아직도 조선노동당이니 뭐니 하며 색깔론으로 국민 상대로 여론몰이 하는 대통령이나 여당의 시각은 대단히 퇴행적일 뿐이다.

헨리 키신저는 처칠의 추모 연설에서 "냉소적인 사람은 결코 대성당을 짓지 못한다."고 했다. 리더가 분열과 반감의 부정적인 사람이라면 좋은 성과를 거두지 못할 것이다. 될 거라는 생각보다 되지 않을 것이라는 생각이 가득한 사람은 결국 완성에 이르지 못한다는 의미가 아니겠는가.

리더는 나서야 할 때와 물러나 있을 때를 아는 것이 중요하다. 정치 리더 역시 한 템포를 쉬어가면서 역량을 끌어올리는 시간이 필요하다. 거대한 날갯짓을 위해 스스로 상처를 치유할 시간도 필요하고, 열패감에 시달리고 있는 지지자들, 국민을 위로하는 시간을 가질 필요가 있다.

정치인은 절대 재판정에서 죽지 않는다. 정치인의 정치 생명은 재판정이 아닌 국민의 심판대에서 결정되는 것이다. 무도한 권력과의 수 싸움에 전념하기보다 국민 상대로 무죄를 증명하고, 국민의 마음을 얻기 위한 메시지가 오히려 필요한 때이다. 김대중 대통령이 군사독재 치하에서 살아남은 것은 민주당이 강했기 때문이 아니라 어려울 때일수록 국민이 공감하는 비전을 제시하고 사랑과 존경을 받았기 때문이었음을 생각해봐야 한다. 대선과 지방선거 패배 이후 새로운 민주당에 대한 비전과 희망을 보여주지 못한 게 가장 아쉬운 상황이다. 사실 누구보다 국민이 민주당의 새로운 모습을 바랐을 것이다.

지금까지 검찰이 보여준 모습은 무소불위의 권력을 바탕으로 늘 정치 보복과 짜맞추기 수사 행태였고, 현 정부 들어 오히려 검찰국가로 강화되었다. 대통령을 정점으로 검사동일체가 '대통령동일체'로 확대된 것으로 보일 정도다. 수사 상황이 전언만 있지 결정적 단서는 없어 보이니 더욱 그렇다.

우리나라 검찰을 생각하면 대조적으로 이순신 장군의 명량 해전이 떠 오른다. 선조는 원균이 이끈 칠천량 해전으로 조선 수군이 전멸하자 자신이 내쫓아 백의종군시킨 이순신을 다시 대수군 통제사로 임명한다. 당시 조선 수군에겐 고작 12척의 판옥선만이 남아 있었다. 선조는 수군을 포기하고 육상에서 싸우라고 권고하지만, 이순신은 필사즉생必死則生, 나아가 죽기로 싸운다면 해볼만하옵니다.이라는 답변을 올린다.

결과는 300여 척의 일본 수군을 12척의 조선 수군이 대승했다. 이순신의 승리였다. 300여 척과 12척이라는 비교는 단순히 숫자의 격차가 아니다. 공포, 두려움은 말할 것도 없고 승패도 이미 결정된 상태였다. 도저히 싸울 수 없는 형국이었다. 하지만 이순신의 수군은 일본 수군을 대파했다. 도저히 이길 수 없는 전쟁에서 승리한 것이다. 이 비정상의 승리는 어떤 이유에서 온 것일까, 정치적 군사적으로 최악의 상황에서 이순신은 어떻게 이길 수 있었을까.

난중일기 속의 이순신은 문인에 가까울 정도로 사색적이지만 그는 붓보다는 칼을 가까이한 무인이었다. 그러나 그의 리더십은 칼보다는 붓에 가까울 정도로 열려 있었다. 대표적인 것이 운주당이다. 운주당은 집무실이자 회의실이었다. 그렇지만 그만의 공간이 아니었다. 그곳은 휴게 공간이기도 했다. 경직되고 딱딱한 회의가 아니라 부하들과 바둑도 두고 술도 마시면서, 고충과 아이디어를 들으면서 조선 수군의 전략과 백성들의 일상생활을 걱정했다. 병법을 이야기했고 군사 전략을 논했으며 수군의 상황을 공유했다. 부대가 어떻게 돌아가고 백성들의 삶이 어떤지를 온몸으로 들었다. 일반 병사들도 찾아올 수 있도록 항상 열려 있었고 개방된 공간이었다. 이 운주당이 바로 이순신의 리더십이었다.

그러나 원균의 운주당은 달랐다. 이순신이 삭탈관직당하고 백의종군 후 원균은 운주당에 부하들의 출입을 금했다. 그곳에 첩을 데려와 살았고, 부하들을 멀리했다. 술자리는 첩하고만 나누었고, 군사 전략은커녕 부하들이 찾아오지도 못하게 했다. 그는 군사 정보에 어두웠고, 군사 전략은 병사들에게 전파되지 않았다. 부하들이 칠천량 해전은 불가하다고 했음에도 불구하고 왕과 대신들이 무서워 조선 수군을 전부 이끌고 바다로 나아갔다. 원균이 이끈 조선 수군은 고작 판옥선 12척만을 남기고 전멸했다.

운주당은 현재 검찰이 당면하고 있는 문제를 풀 수 있는 실마리를 준다. 검찰의 민낯을 본 국민들은 검찰이 폐쇄된 조직이 아니라 열려 있길 원한다. 검찰은 국민이 아니라 대통령의 눈치를 보는 조직이 되어서는 안 된다. 국민에게 열어야 한다. 갇혀 있지 않고 국민 속으로 들어가야 한다. 지금 검찰은 원균이 아니라 이순신의 운주당으로 변할 수 있는 갈림길에 서 있다. 앞으로 검찰이 어떤 운주당이 될 것인가는 검찰 스스로 손에 달려 있다.

검찰이야 그렇다 치더라도 민주당이나 이재명 대표는 국민에게 이런 상황을 불식시킬 수 있는 감동이 필요하다. 다양한 시민들의 욕구와 요구를 디지털 테크놀로지를 통하여 실시간 거버넌스의 전형을 세워야 한다. 새로운 정치에 대한 내부 관심과 방향에는 긍정적으로 평가하며 직접 민주주의와 디지털 민주주의의 결합으로 이전과는 상이한 참여 정치를 구현할 수 있을 것이다.

지금 민주당의 문제는 다수당 역할을 못하는 것이 아니라 의회 정치가 작동하지 못하고 있다는 것이다. 의회 권력을 구성하는 정당이 의회의 역할, 여야 협상에서의 지도력을 발휘하지 못하고 있는 상황이 문제의 근원이다. 민주당이 169석의 다수당으로 해야 할 역할이 있다면, 115석의 국민의힘은 집권 여당으로서 져야 할 책임이 있다. 물론, 민주당의 의회 운영이나 협상 전략에 아쉬운 부분이 없는 것은 아니다. 다수당은 소수당과의 협상에서 잘못된 신호를 주면 안 되며 절대로 잘못한 것에 대해서 보상하지 않는다는 원칙을 지켜야 한다. 민주당이 다수당으로서 의회 운영, 여야 협상 과정에서 잘못된 신호를 준 측면이 있지는 않은지를 돌아봐야 한다.

의석수가 정당의 움직임을 결정하는 것이 아니다. 국민에게 필요한 것은 말뿐인 정치, 정책 없는 정치, 실패한 뒤에 변명만 하는 정치가 아니다. 준비된 정치, 실현하는 정치, 장기 계획을 갖고 있는 정치야말로 국민이 원하는 정치의 모습이다. 무릇 포월의 정치는 힘의 문제가 아니다. 천둥과 번개 없이 비가 올 수 없고, 태풍과 파도가 없는 바다를 원하는 것이 무의미하듯 어려운 문제일수록 여야가 함께 극복해가야한다. 최대치의 합의와 최소한의 승복으로 접점을 찾아 나가는 것이 의회민주주의가 아닐까.

송나라 학자 주자의 글귀 "약장제거무비초若將除去無非草, 호취간래총시화好取看來總是花"는 나쁘다고 베어 버리려고 들면 풀 아닌 게 없고, 좋다고 취하려 하면 꽃 아닌 게 없다는 뜻이다. 증오와 혐오는 꽃조차 풀로 보고 베려고 달려들지만, 대화와 타협은 풀도 꽃으로 보게 하는 힘이 있다. 여야가 서로 악마화하고 적대시하는 정치를 버리고 상대 당을 파트너로 인정하고 대화와 타협을 기반으로 하는 경쟁을 한다면 위기는 기회가 될 것이다. 정권 실패 정쟁이라는 반사 이익의 정치가 아니라 정권 성공 경쟁을 하는 민생 이익의 정치가 등장할 것이다.

지금 우리 정치는 민심을 경청하고 낮은 자세로 민생을 구하는 일이 무엇보다 중요한 때이다. 자신이 노력한 것 이상으로 소유한 사람과 소유한 것 이상으로 노력한 사람들의 갈등을 공정하게 만들려는 노력이 국민에게 손에 잡히는 희망을 만들어 줄 것이다.

연탄재 함부로 발로 차지 마라
너는
누구에게 한 번이라도 따뜻한 사람이었느냐

안도현 시인의 시 〈너에게 묻는다〉의 첫 부분이다. 국민의 아픔과 하루가 지옥같다는 분들의 고통을 공감할 줄 아는 정치인이 많았으면 한다. 한 번이라도 따뜻한 사람, 고통 받고 힘든 사람을 위해 헌신하고 희생해본 적 있는 정치인이 많은 나라는 따뜻할 것이다.

리더십이란 리더마다 가지는 가치관이나 행동 방식 등에 따라 다르게 나타날 수 있다. 다양한 리더십이 있지만 정치 리더십의 바탕에는 국민, 민심이 있어야 한다. 리더십이 거창하지 않아도 군불만 같아도 국민에게 감동을 줄 수 있다.

정치 리더의 자격 혹은 시대정신

　17세기 에스파냐의 작가인 발타자르 그라시안은 "자기가 살고 있는 시대에 충실하라. 아무리 뛰어나고 걸출한 인물도 자기 세계에서 벗어날 수는 없는 법이다."라며 시대에 충실하라고 했다. 정치 리더는 시대의 흐름을 파악하고 시대가 요구하는 것을 알아야 한다. 급변하고 혼란의 시대일수록 시대의 흐름과 상황에 맞는 행동 철학으로 판을 읽는 자세가 필요하다.

　마치 폭풍우가 몰아치는 듯한 4차 산업 혁명과 디지털 대전환을 주도하는 표준국가의 선도력을 보여주는 결정적 시기에 필요한 시대정신이 있다. 대전환의 시대에 세계를 선도하는 일류, 표준국가로의 길을 찾는 것이 정치 리더에게 요구되는 바다.

　우리나라는 한때 선진국을, 선진 사회를 따르하던 지점이 었는데, 이제는 본점의 표준이 되는 역전의 시대를 맞이했다. 창조와 혁신의 기준을 만드는 나라의 걸음이 시작되었다. 이렇게 다른 사람들이 가보지 않은 길을 열어주었으니 나라를 대표하는 대통령이 통찰력과 비전을 가지고 표준국가의 수장으로서 역할을 다해야 한다. 리더답게 시대가 요구하는 시대정신을 가지고 국정을 운영해야 한다. 특히 윤석열 대통령은 선진국 한국의 첫 번째 대통령이라는 시대적 책임과 새로운 시대의 막중한 역할을 떠안고 있지 않는가. 향후 30년의 위대한 역사를 쓰기 위해 축적의 길과 함께 새로운 창조의 길을 만들어 가야 하는 시기이다. 우리나라의 새로운 항로를 여는 중요한 변곡점이자 새 판을 짜야 하는 시기이기도 하다. 정부가 우왕좌왕하고, 보복 정치나 왕정 정치 같은 정쟁에만 몰두해서는 안 된다.

그런데 윤석열 정부가 들어선지 2년이 지난 지금 과연 시대정신을 가지고 있는지, 혹은 잊어버린 건 아닌지 의문이 드는 때가 많다. 시대가 요구하는 과제에 몰두하는 게 아니라 국정은 습관대로 검찰 운영하듯 하고, 행정수단이나 외교, 안보, 경제에서는 무능한 모습을 보이고 있다. 다만 국정원, 검찰, 경찰 등의 권력 기관 다루는 것에서만 집요할 정도로 집착하는 모습을 보였다. 그러니 '준비되지 않은 대통령, 국가 비전 없는 정부'라는 비판을 받고 있다.

특히 우리나라는 엄연히 삼권분립이 존재하는데 오롯이 검찰을 중심으로 기득권을 견고히 하면서 검찰공화국을 이룩했다는 비판에 직면해 있다. 우리나라를 '정권의 시녀'도 아니고 '검찰의 시녀'로 만들겠다는 의도가 다분해 보일 정도다. 마치 불가리아의 전 검찰총장 이반 타타르셰프가 "내

위에 있는 건 신뿐이다."라고 했던 것처럼, 현 검찰총장 이반 게셰프가 "나는 신의 도구다."라며 자신의 막강한 권력을 과시하고 있는 것처럼 불가리아 모델을 꿈꾸고 있는 것처럼 보일 정도다. 검찰이 수사와 기소를 장악하고, 검사들이 어떤 범죄를 저질러도 기소될 가능성이 희박하고, 모든 검사를 지휘하는 검찰총장이 무소불위의 존재인 나라가 윤석열 대통령이 꿈꾸는 나라인가 묻고 싶다.

윤석열 대통령의 가벼운 입과 학습이 안 된 아마추어리즘이 우리 외교 안보 역량에 큰 부담을 안기고 있다. 대통령은 국군통수권자이므로 말이 무거워야 하지만, 윤석열 대통령은 '한미 공동 핵 연습'과 같은 많은 말실수를 저질렀다. 외교 안보는 파트너가 존재한다. 국익이 걸린 문제이기에 단어 하나, 뉘앙스 하나까지 신중하게 준비되어야 한다. "낮은 목소리로 말하고, 천천히 말하고, 너무 많이 말하지 말라."는 존. F. 케네디의 말을 가슴 깊이 새겨야 하지 않을까.

《삼국지》에 자주 나오는 유비에게는 뛰어난 책사들이 있었는데, 우리는 흔히 제갈량을 떠올린다. 하지만 제갈량말고도 뛰어난 책사가 있었는데 바로 방통이다. 유비와 방통 두 사람 사이에는 흥미로운 일화가 있었다.

한창 유비가 전투에서 승리를 이어갈 때였다. 한번은 부현에서 축하연을 대대적으로 열었다. 주연이 무르익어갈 무렵 유비는 방통에게 기분이 좋다고 했다. 그러자 방통은 남의 나라를 치고 즐거워하는 것은 인仁의 군대가 아니라며 유비를 나무랐다. 술에 취해 있던 유비는 화를 내며 옛날 무왕도 주를 치고 가무를 즐겼는데 그도 어진 이가 아니냐며 방통을 쫓아냈다. 술이 깬 후에 유비는 자신의 처사에 깊이 후회하고 방통을 불러들였다. 방통은 두 사람 모두 잘못했다며 일을 마무리 지었다.

유비는 삼국 시대의 리더 중 가장 군자다운 인물의 이미지로 남아 있다. 그런 그도 인간이기에 평소 그답지 않게 예의에 벗어난 행동을 했고, 방통은 이를 지나치지 않았던 것이다. 리더는 주위 사람들의 시선을 받는 존재이다. 리더의 말과 행동은 그만큼의 책임이 뒤따르게 마련이다. 방통이 유비에게 어진 사람의 행동이 아니라고 한 것은 나중에 생길 일에 대한 경계였다. 아무리 군자라도 점령당한 나라의 국민은 원수로 여길 수 있기 때문이다. 리더란 어떤 상황에서도 감정에 치우쳐 균형을 잃어서는 안 된다.

대통령은 국가수반으로서 국민 통합의 상징이다. 불편하고 어려워도 야당과 비판적인 여론을 대면해야 한다. 야당 대표와도 투트랙으로 고민해야 한다. 아무리 야당 대표가 법적 논란을 안고 있더라도 야당의 대표라는 점을 무시해서는 안 된다. 법적인 대응은 검찰이 할 일이고 대통령은 야당 대표와 만나 국가 현안과 과제를 논의해야 한다. 급변하는 국제정세는 물론 산적한 문제가 많은데 야당 대표와 만나지 않는 건 비상식적이다. 헌법을 존중한다는 대통령이 국회 다수당인 민주당과 대화하지 않는 것은 상식에 맞지 않다. 협치까지 바라지 않는다 해도 야당과 대화는 해야 한다. "정치는 끝없는 타협이다."라고 했던 독일 정치가 오토 폰 비스마르크 같은 철혈수상도 대화를 거부하지는 않았다.

요즘은 '유검무죄, 무검유죄'라는 말이 오르내린다. 법과 원칙은 공정해야지 대상에 따라 진영에 따라 휘면 안 되는 것이다. 법과 원칙과 함께 자유, 평등, 정의도 대통령실 장식 벽에 머무르지 않고 주가조작 의혹, 양평고속도로 문제와 같은 현실에서 작동해야 한다. 검찰 가족이거나 검찰하고 친하면 아무리 큰 죄도 처벌받지 않는 세상이 윤석열 정부가 만들어 가는 세상인가? 검찰의 기소권은 검찰이 가진 가장 큰 권력이다. 지금의 검찰은 죄 있는 사람을 기소하고, 죄 없는 사람을 기소하지 않는 것이 아니라, 검찰의 입맛대로 기소할 사람, 기소하지 않을 사람을 취사선택하는 행태를 보이고 있다. 윤석열 대통령이 말한 공정과 상식이 검찰에도 통용되는 말이 되어야 국민이 신뢰한다. 가까운 곳에서 국정 철학이 작동되어야 먼 곳에 있는 사람에게도 위엄이 선다.

영어 관용구인 "스킬라와 카리브디스 사이."Between Scylla and Charybdis라는 말은 진퇴양난을 의미한다. 이러지도 저러지도 못하는 딜레마에 빠진 상황에 처했을 때 사용하는 관용구다. 스킬라와 카리브디스는 그리스 신화 속의 괴물들이다. 전쟁을 끝낸 오디세우스가 귀향하며 첫 번째 길목인 좁은 해협에 이르는데, 양쪽에서 스킬라와 카리브디스가 버티고 서 있자 그는 스킬라를 선택한다. 그래서 그나마 부하 6명만을 내어 주고 해협을 통과했다. 이 이야기는 어떤 어려운 문제에 부딪혔을 때, 보다 피해를 덜 받는 쪽으로 선택을 해야 하는 순간을 의미할 때 사용된다.

정치 지도자들이 직면했던 끊임없는 딜레마인 스킬라와 카리브디스 사이, 즉 '어떻게 하면 국제 관계라는 위험한 바다의 거친 파도 속에서 국가라는 배를 안전하게 운항할 수 있을까?'라는 질문을 정치 지도자라면 받고 있다.

그러나 위대한 정치 지도자들은 이후에 펼쳐질 또 다른 바다를 안전하게 항해하기 위해 지속 가능한 합의를 이끌어 내야 한다. 지도자는 고통스럽더라도 지금 당장 해결해야 하는 일상적인 딜레마를 넘어, 미래에 펼쳐질 세상을 제대로 만들어 놓아야 한다. 국가의 미래 지도를 고민하는 것이 지도자의 역할이다.

미국의 정치학자 이반 크라스테프가 정치적 농담으로 "히틀러가 귀환하는 게 가능한 지 여부는 더 이상 의문이 아니다. 그가 나타나면 우리가 그를 알아볼 수 있는지가 문제다."라고 했던 것처럼 위험한 사람들과 상황은 어딘가에 늘 도사리고 있고 그들의 운명을 성취할 권력과 기회가 없을 뿐이다. 우리 정치는 이제 이러한 위험 상황이 되지 않았나 싶다. 하지만 지금 우리는 그걸 알아보지 못하고 있는 실정이다. 정치가 시대를 앞서고 세상의 변화를 보는 가장 높은 식견을 가져야 하는데, 지금처럼 국가의 미래를 위험한 상황으로 만드는 집단이 되어서는 안 될 것이다.

대통령의 가장 중요한 역할인 국민 통합은 어디로 사라진 것인가. 일국의 리더로서 역할이란 것이 분열을 조장하는 것인가? "분열된 집은 바로 설 수 없다."라는 링컨의 말을 깊이 되새겨봐야 한다.

예산안이 표류되고 협치를 위한 국회 역할이 요구되는 것은 적대적 정치 문화가 한몫을 한다. 대통령도 야당을 적대시하는 정치 문화를 만들면 안 되며 대화와 타협을 통해 국민을 우선하는 국정 운영을 보여야 한다. 대통령이 나서면 여당 원내대표는 역할이 없어진다. 대통령 의중을 살피는 '윤핵관' 국회는 결국 파행으로 갈 수밖에 없고, 여야 모두 서로를 제압하겠다고 하면 협치는 당연히 사라진다.

위기를 두들길수록 성과는 단단해진다

히말라야의 쇠재두루미는

나뭇가지에 앉지 않는다

봉우리를 넘을 때 높은 암벽 칼날

향해서 나래친다

힘이 부치면,

더 높은 벼랑으로 차 오른다

천길 바닥으로 떨어지는

쇠재두루미떼 그림자 쌓여

히말라야는 점점 높아간다

김완하 시인의 〈절정〉이라는 시다. 이 시에 나오는 쇠재두루미는 해발 8,000m가 넘는 세계 최고봉들이 위치해 있는 히말라야 산맥을 넘나드는 새다. 쇠재두루미는 몽골 초원에서 지내다가 추운 겨울이면 히말라야를 넘어 따뜻한 인도로 날아간다. 강풍과 눈보라, 난기류 속 산소도 극히 희박한 히말라야를 넘어 인도로 가기 위해 쇠재두루미는 봄부터 신체 구조를 바꾼다고 한다. 체질 변화를 하는 것으로, 보다 높이 그리고 멀리 날기 위해 식성도 바꾸고 호흡법도 바꾼다. 긴 여정에서 살아남기 위해 혼자가 아니라 떼를 지어 간다. 〈절정〉에서처럼 목적지를 향해 쉬지 않고 날아간다. 죽기 아니면 까무러치기라는 의지로 나는 것이다. 동물도 살기 위해 위기를 대비한다. 그 과정에서 혼자보다 함께 하는 게 낫다는 지혜를 본능적으로 깨달은 것이다.

여러모로 우리 주변의 상황이 위기로 느껴오는 일이 많다. 국제정세도 하루가 다르게 변하면서 우리를 조여 온다. 팬데믹이 어느 정도 진정세가 되자 미중의 패권 다툼은 더욱 치열해지고 북중러의 협력은 한미일 협력보다 더 위협적으로 다가온다. 국내만 봐도 정치에서 협치는 사라지고 물가는 전년에 비해 확연히 뛰어올랐다. 과연 우리는 쇠재두루미처럼 위기에 대비하여 체질 개선 혹은 인식 개선을 하고 있는가.

"우리가 두려워해야 할 대상은 두려움 그 자체"는 미국 루스벨트 대통령이 취임사에서 한 말이다. 루스벨트는 과감한 뉴딜정책을 통해 미국 경제를 대공황에서 구한 대통령이다. 취임사를 들은 미국인들은 불안감을 떨치고 용기를 얻었다. 아마도 취임사를 통해 대통령을 믿고 싶었을 것이다. 루스벨트 정부는 미국 국민들의 신뢰를 저버리지 않고 과감한 정책으로 끌고 나가 세계 최강대국으로 발돋움했다. 위기가 기회가 되려면 그만한 각오가 필요한 것이다.

우리나라 역시 지금껏 수많은 위기를 헤쳐 나와 선진국

대열에 서게 되었다. 그럼에도 여전히 수많은 위기가 줄을 잇고 있다. 무엇보다 위기를 만드는 당사자가 정치 리더라면 어떨까.

이곳이 누구의 숲인지 알 것 같다.
그의 집은 마을에 있어
눈 덮인 그의 숲을 보느라
내가 여기 멈춰서 있는 것을 그는 모르리라.

〈눈 내리는 저녁 숲가에 멈춰 서서〉라는 로버트 프로스트의 시를 읽으며 최근 들어 우리나라를 눈 내리는 겨울 저녁으로 만드는 원인이 무엇인지 생각해 본다. 한 정치 원로는 "대통령 자격이 되려면 적어도 전문가 의견을 이해할 수준이 되어야 한다."고 충고했다. 대통령의 무능은 국민과 역사 앞에 재앙이다. 위기의 시대라면 더욱 그렇다.

국가 지도자가 되고 싶은데, 국민의 요구에는 귀 기울일 생각은 없다. 요즘 젊은 세대들이 말하는 '답정너'가 따로 없다. 불통에 내 맘대로 권력을 휘두르는 리더라면 국가에 치명적인 결과를 초래할 수밖에 없다. 이미 우리는 그런 불행한 사례를 겪어보았다.

위기에 대처하는 좋은 사례를 멀리에서 찾지 않아도 우리는 알고 있다. 2019년 일본은 반도체 관련 전략 물자 3개 품목의 한국 수출 규제를 강화했다. 우리는 공포와 분노를 동시에 느꼈어야 했는데, 반도체 공장이 3일만 멈추어도 약 7조 원의 손실이 발생할 수 있기 때문이었다. 일본의 수출 규제로 인해 우리나라의 경제 성장률이 최대 2%까지 떨어질 가능성까지 있다는 전문가들의 예측도 있었다. 일본이 스스로 손실을 감내하고 상대에게 더 큰 피해를 주겠다는 전형적인 사무라이 전략을 구사했다는 언론의 분석도 등장했다.

총체적 난국이었지만 우리는 위기에 굴하지 않았다. 일본의 수출 규제에 오히려 소재, 부품, 장비 산업을 육성했다. 결국 일본의 수출 규제에도 우리 반도체 산업은 끄떡없었다. 수출 규제가 우리에게는 전화위복이 되었고 일본에게는 위기가 되었다. 일본은 한국에게 추월당할까 긴장하는 입장이 되었다. 이렇듯 위기의 시대에는 위기를 기회로 만드는, 유능한 대통령이 필요하다.

신은 약속하지 않았다.
하늘은 푸르고,
일생을 꽃들이 만발한 길을 지나게 되리라고,
신은 약속하지 않았다.
비가 없는 태양을,
슬픔이 없는 기쁨을,
고통이 없는 평화를.

그러나 신은 약속하였다.

일하는 자에게는 능력을,

땀 흘린 자에게는 휴식을,

길 가는 자에게는 빛을.

인도의 11대 대통령을 지냈던 압둘 칼람의 자서전 《불의 날개》에서 나오는 글이다. 압둘 칼람은 '국민의 대통령'이라는 별칭으로 인도인의 자부심으로 남아 있다. 그는 어려운 가정 환경에서도 물리학을 전공해 40여 년을 과학자로 지냈다. 유학 한 번 다녀오지 않았지만, 세계적 수준의 로켓 기술과 핵 기술, 달 탐사선과 화성 탐사선까지 개발하는 등 인도를 과학 기술 강국으로 만드는 데 기여했다.

무엇보다 인도인들이 그를 존경하는 것은 삶의 진정성 때문이라고 할 수 있다. 권력이나 재산을 탐하지 않고 평생 독신으로 지낸 그가 임기를 마치고 대통령궁을 나올 때, 그의 손에는 허름한 가방만이 들려 있었다고 한다. 퇴임 후에도 헐벗고 굶주리는 가난한 개발도상국 인도를 과학 기술 강국으로 이끄는 데 기여했다.

국가 지도자의 역할은 압둘 칼람을 통해서도 알 수 있다. 국가의 위기는 여러 가지로 존재한다. 우리나 인도나 개발도상국에 머물러 있었다. 물론 우리는 선진국 대열에 들어섰지만, 인도는 아직 개도국에 머물러 있다. 하지만 인도의 위상은 매우 높아진 상태이다. 경제적으로 세계에서 두려운 존재가 될 만한 가능성도 있다.

종소리를 더 멀리 내보내기 위하여
종은 더 아파야 한다.

이문재 시인의 〈농담〉이라는 시의 한 구절을 통해 위기를
대하는 마음가짐이 새로워진다. 강철은 세게 두들길수록 단
단해진다. 위기를 잘 대응해야 성과로 나타나게 된다.

위기와 혁신을 바라보는 관점

　야당 지도자라면 당의 비전과 자신이 처한 상황을 정확히 파악하고 이해하는 냉철함이 필요하다. 우리 정치에서 민주당이 지금의 위치에 서기까지에는 위대한 생각들과 불굴의 리더십이 있었다. 현재 민주당의 지도자 역시 외부 상황에 따라 움직이는 반사체이기보다 당의 미래와 비전을 제시해야 한다. 민주당이 수권 정당이 될 수 있도록 혁신과 변화를 위한 과감한 결단과 판단을 가지고 당당하게 대응해야 한다. 그 과정에서 당원과 지지자, 국민을 설득하고 당을 이끌어야 한다.

　윤석열 정권이 상대 당을 대하는 방식은 거칠고 무례하다. 이재명 대표에 대한 수사를 통해 민주당을 옭아매고, 동반 침몰시키려는 의혹이 크다. 검찰의 토끼몰이식 수사에 대응하는 것도 민주당에 주어진 과제이다. 다만 안타까운 건 정치적 극한 대치로 국민의 삶을 들여다보지 못하고, 표준국가로 대표되는 미래로 다가가고 있지 못하다는 것이다. 더구나 민주당의 경우 안팎으로 위기라고 하지만 희망과 대안을 보여주지 못하고 있다는 비판에 직면해 있다.

　민주당은 민주주의를 해치는 행위에 대해서는 단호해야 한다. 정치검찰에 대해서는 단일대오로 힘을 모아 싸워야 한다. 그러나 민주당 내부 혁신에 대해서는 대담하고 과감해야 한다. 그래야 당이 기득권 중심으로 흐르지 않고 경직되지 않는다. 국민과 시대는 변하고 있는데 민주당은 과거로 가면 되겠는가.

　정치 개혁에 대한 요구는 매 시기마다 있었다. 물이 고이면 썩듯 정치에도 변화와 활력을 주어야 부패하지 않는 법이다. 새 술을 새 부대에 담아야지, 남은 술에 섞으면 이 맛도 저 맛도 아니듯이 변화에는 새로운 그릇과 틀이 필요한 것이다. 그래야 정치도 발전하고 국민에게도 인정받는다. 민주당은 유연하면서도 늘 개혁과 혁신을 위한 목소리가 살아 있어야 한다.

　총선을 앞두고 민주당은 혁신과 개혁에 박차를 가해야 한다. 대선 패배에 대한 반성과 더불어 개혁과 혁신의 목소리가 민주당 내에서도 좀 더 활발하게 나올 필요가 있다. 혁신의 모습이 없다는 것을 국민도 알고 있다. 윤석열 정부의 무능과 반감에도 불구하고 민주당으로 국민의 마음이 강하게 모이지 않고 있는 이유다. 이는 더 이상 국민들이 민주당에서 희망과 미래를 보고 있지 않다는 의미이기도 하다.

　더 이상 반사 이익이 통하지 않는 백척간두의 상황이다. 윤석열 대통령의 지지율이 떨어지면 민주당의 지지율은 올라가야 하는데, 동시에 떨어진 적도 있었다. 어쩌면 윤석열 정권에 쓰러지기 전에 민심 앞에서 쓰러지는 상황이 발생할 수도 있다. 당 지도부가 민심을 당겨오기 위해 노력해야 하는데, 윤석열 정권의 저급한 도발에 자꾸 휘둘리는 것 같아 안타깝다.

잘못된 검찰의 정치적 공격에는 당당하게 대응하고, 새로운 비전과 새로운 정치를 보여주며 국민의 지지를 얻기 위해 노력해야 한다. 민주당은 정치 개혁이나 정책에서도 항상 미래를 선도하는 정당이었음을 알려야 한다. 민주당이 다시 미래 정당의 모습을 보여줄 때다.

물론 위기는 민주당만이 아니라 정치 전반에 걸쳐 있다. 산업화, 민주화 세대의 기획력과 상상력이 어느덧 고갈된 것이라고 본다. 보수든 진보든 진화가 이루어지지 않고 있으니 진부해진 정치가 새 길을 열어내지 못하는 것이다. 심지어 신선한 정치인을 찾아보기 힘들다는 말이 나오고 있다. 지금 우리 정치 수준은 향후 30년, 우리나라의 21세기 미래 지도에 대한 방향 감각이 부재하고, 미래를 보는 안목이 부족하고, 미래를 만드는 역량이 부실하며 세계에 대한 감각은 부박하고, 시장에 대한 감각은 둔탁하다.

역설적으로 50대 초반 최고경영자부터 30대 임원까지 등장하며 시대 교체를 선도하는 쪽은 물질의 기지이자 최전선인 주요 기업이다. 언론이나 대학 등 생각과 글, 말을 생산하는 정신의 기지들은 정체, 적체인 것과는 다른 모습이다. 그런 점에서 시대의 변화를 따라잡지 못하는 정당 역시 위기라고 할 수 있으니 환골탈태의 모습을 보여야 한다.

민주당의 위기는 과거에 대한 위기보다 오히려 미래에 대한 위기다. 지난 문제로 정치검찰이 무도한 권리를 행사한다면 단호하게 대응하면 된다. 법적 논란이라고 불리는 사안에 대해서는 이재명 당대표가 가장 잘 알고 있기에 맞춰 대응하면 된다. 새로운 정치와 미래 비전에 대해서는 모두가 나서야 한다.

사실 한국의 정치가 변하려면 민주당뿐 아니라 여야 모두 기득권을 버려야 한다. 당대표 선거에 국민의힘이 당심 100%를 도입했는데 이는 결국은 당심에서는 졌어도, 민심에서 이겼던 이준석 시즌2를 막겠다는 것이었다. 이처럼 윤심 전당대회, 윤핵관, 용핵관 지도부를 만들어 총선을 치르겠다는 발상은 기득권과 구태 정치의 전형이다. '보이지 않는 손'이 아니라 투명하고 다양한 '보이는 손'으로 작동해야 정치 선진국이 가능해진다.

지금 국민은 민주당과 국민의힘을 모두 불신하고 있다. 정치 개혁을 통한 새로운 비전을 보여주는 정당이 국민의 지지를 얻을 것이다. 무엇보다 공천 개혁이 국민에게 민주당의 변화를 보여줄 수 있는 대표적인 대안이다. 정치 개혁과 정당 개혁 등 새로운 정치와 미래에 대해 논의가 절실하며 과감한 공천 개혁이 이루어져야 한다.

국민의힘의 정권 교체는 제대로 된 해결책을 내놓아서가

아니다. 경제 상황이 나빠진 데 대한 분노의 반사 이익을 얻었을 뿐이다. 하지만 민주당도 마땅한 해결책은커녕 문제의 원인조차 제대로 짚지 못한 건 마찬가지이다. 정치적으로 교착 상태다. 정치가 시대적 역할을 제대로 해야 할 시기다.

정치 위기에 대한 경고가 이어지고 있음을 알아야 한다. 정치 개혁이 이루어지지 않고 혁신이 실패하면 쓰나미가 닥칠 수 있다. 우리 정치를 향한 민심은 점점 임계점을 치닫고 있다. 그 밑바탕에는 팽배해 있는 두려움이 존재한다. 기업 현장은 이미 향후 경제 위기와 경기 침체와 같은 어려운 상황을 대비해 구조조정과 채용 축소 등 한파가 몰아치고 있다.

영화 〈스타워즈〉에서 "두려움은 분노를, 분노는 증오를, 증오는 고통을 낳는다."고 요다가 스카이워커에게 한 말처럼 두려움이 어떻게 발전할지 모른다. 여야 모두 민심을 제대로 읽어야 한다. 두려움이 분노를, 분노가 증오를, 증오가 고통을 낳으면 그 민심은 어디로 향할 것인가. 정당은 항상 원심력과 구심력이 작동하듯 민심도 마찬가지이다. 제3정당에 대한 말이 여기저기서 나오는 것은 정치 개혁 실패에 대한 우리 정치의 퇴행에 경고를 보내는 것이다.

경제학자들은 정해진 미래를 믿지 않는다. 경제 변수 대부분은 예측이 불가능하다는 게 경제학 교과서의 기본 가르침이다. 한국은행이나 IMF가 경제 전망치를 발표하는 건 미래에 대한 예언이 아니라 현재를 제대로 파악해서 미래를 위한 최선의 계획을 세우고자 함이다. 개인이나 국가의 미래는 정해져 있지 않으며 현재의 선택에 따라 모습이 달라지기 마련이다. 현실을 제대로 파악할수록 현명한 선택을 할 확률도 높아지고, 그럴 정도가 되어야 두려움도 사라진다. 그러므로 민주당은 당원과 지지자, 국민을 믿고 정치 개혁과 국가 비전, 미래 지도를 그리는 일을 선점해야 한다.

지금 문제는 거대 양당에 대한 국민적 비호감 정서가 매우 강화되었다는 것이다. 국민의힘과 민주당에 대한 실망감이 '더블딥'double dip의 충격으로 다가오는 것이다. 하지만 야당이 여당이나 정부의 국정 실패에 대한 반사 이익만 바라보고 내년 총선을 바라보는 건 '낙관편향'이다. 이런 일방적인 낙관편향이 확산되면 선거에서 민심을 얻고자 하는 치열한 동력을 떨어뜨리게 된다. 민주당이 정치 개혁, 정치 혁신을 주도해서 국민의힘이나 윤석열 정부와의 미래 경쟁이 불가피하다면 비전과 정책 경쟁에서 승리해서 과거 문재인 정부에 대한 공과와 부정적 측면을 넘어서야 한다.

민생을 최우선에 두는 것이 민주당이 당연히 가야 할 길이다. 민생에 대한 문제를 풀어내는 실행력과 우리나라의 미래를 이끌 수 있는 수권 정당의 모습을 다시금 국민이 인정하는 게 중요하다. 진정성 있는 민생 행보와 미래 비전에 집중할 필요가 있다. 지금은 국민과 지지자에게 야당이 새로운 우리나라의 미래를 보여줄 능력이 있는지에 대한 응답이 필요한 시간이다.

2022년은 선진국 진입의 첫해로 우리 현대사에 새로운

장을 여는 원년이었다. 정치는 이러한 새로운 시대의 막중한 역할을 떠안고 있다. 그동안 우리는 세계를 선도해 본 경험이 없고 추격국가로 달려 왔다. 하지만 이제 선도국가로 가는 길에 들어서 있으므로 축적의 길과 함께 새로운 창조의 길을 만들어 가야 하는 나라가 되었다.

향후 30년, 우리나라의 새로운 항로를 여는 중요한 시기이자 헌 판이 아니라 새 판을 짜야 하는 시기이다. 정치가 권력에 줄 서 우왕좌왕하고, 정쟁에만 머물러서는 안 된다. 어떻게 세계를 변화시켜야 할지에 대한 대전략을 짜는 구심점이 필요하다. 중국의 일대일로나 미국의 인도·태평양 전략처럼 미래의 지도를 그릴 수 있는 대전략을 보여줘야 한다.

정치의 상상력, 창의력 그리고 책임

정치가 탁상공론의 대명사로 전락하지 않으려면 국가를 위해 깊게 생각하고, 국민을 위해 즐겁게 상상하고, 국민의 요구에 맞는 정책들을 내놓아야 한다. 호불호가 있기는 했지만 당시 이재명 민주당 대통령 선거 후보의 탈모 공약은 신선했다. 공약으로서 내 삶에 구체적인 영향을 미치는 대표적인 사례였다. 공약 자체가 '밈'Meme이 되면서 시대가 원하는 재미를 주기도 했다.

정치 리더가 고정관념이나 이념에 얽매이지 않는 실용과 유연성으로 혁신적인 정책 능력을 보여준 사례였다. 특히 여의도 정치의 문법이나 관료 사회의 헤게모니 같은 고리타분한 것에 얽매이지 않고 혁신적인 사고방식과 추진력을 보여준 점은 다른 정치인들도 생각해볼 문제다. 실제로 '국민에게 얼마나 이익이 되나.'가 유일한 판단 기준이었다고 한다.

인상을 쓸 만한 공약도 있었다. 윤석열 국민의힘 대통령 선거 후보의 경우 느닷없이 '여성가족부 폐지'를 페이스북에 공약처럼 올려놓기도 했다. 남녀 갈라치기라는 비판에 윤석열 후보는 "뭐든지 국가와 사회를 위해 하는 일"이라고만 대답했다. 구체적인 논리나 방안 없이 '선 공약, 후 생각'이라면 SNS에 공식화하는 데 신중해야 했다.

일시적인 지지를 위해 떠오르는 생각을 바로 표현하고 국가와 사회를 방패로 삼으면 무조건 통과가 된다는 발상은 대통령 후보의 품격과 자질에 심각한 의구심이 들게 했다. 지지율 하락을 만회하고자 정부 부처 폐지라는 극단적인 행동을 서슴지 않는 것은 대통령이 된 이후에도 크게 달라지지 않았다. "내 언어의 한계가 내 세계의 한계다."라는 비트겐슈타인의 말처럼 대통령의 정치 철학과 현실 인식을 보여주고 있다.

특히 당시 문제가 됐던 것은 '선제타격론'과 '주적'이다. 미국 대통령을 지낸 허버트 후버는 "늙은이들은 전쟁을 선포한다. 그러나 싸워야 하고 죽어야 하는 것은 젊은이들이다."라고 말했다. 선제타격론은 1968년 미국의 군인 출신으로 제3당의 부통령에 출마했고, 전쟁광으로 불렸던 커티스 르메이의 '석기 시대 주장'과 일맥상통하다. 전쟁이 난 곳의 사람들을 모두 적으로 인식하고 공격해서 석기 시대로 만들자는게 르메이의 주장이었다. 그렇게 일본도, 베트남도 심지어 한국 전쟁 당시 한반도도 그런 폭격을 받았다.

또한 윤석열 대통령은 "북한은 주적"이라고도 했는데, 1995년 국방백서에 처음 명기했지만 남북화해 분위기를 타고 2000년에 폐기했다. 세계 어떤 나라도 쓰지 않는 표현이고, 보수 정권 때도 국익을 고려해 자제했다. 하지만 용도 폐기된 물건을 유물인양 가져오는 윤석열 대통령의 언어구사력은 독특하다 못해 너무 쉬워서 난해하다. 대통령은 말의 무게에 책임감을 가져야 한다. 대통령이 된 후 지금도 변하지 않고 지속되고 있다는 게 걱정이다.

18세기 프랑스 세속사제로 활동했던 조제프 앙투안 투생 디누아르는 저서 《침묵의 기술》에서 "말을 해야 할 때 입을 닫는 것은 나약하거나 생각이 모자라기 때문이고, 입을 닫아야 할 때 말을 하는 것은 경솔하고도 무례하기 때문"이라고 했다.

윤석열 대통령은 국민이 왜 지금을 '검찰강점기'라고 비판하는지 되돌아볼 필요가 있다. 무소불위의 검찰 권력으로 굴절된 법적 잣대를 통한 정치적 공격은 과거 어느 시절을 닮아있다. 노동을 때려잡아 법치주의를 세우겠다는 정의와 공정으로 포장한 공안 논리 방식이 여전히 통한다고 생각하는 건지, 국정 운영과 행태가 퇴행적이다.

검찰에서만 있어선지 권력이 영원하다고 여기는지 모르겠지만 무소불위의 권력도 화무십일홍에 지나지 않는다. 앞으로 남은 임기를 검찰 위의 상왕으로 국민 위에 군림하며 세상에 난세를 불러올 것인가. 아니면 지정학적 외교 안보, 첨단 기술 패권 경쟁, 경제 위기 극복 등을 위해 최선을 다해 우리 사회에 닥쳐오는 내외적 복합 위기를 극복하는 지도자가 될 것인가? 아직 선택은 늦지 않았다.

민주당도 마찬가지다. 새로운 시대의 맏형이 될 막중한

책임을 떠안고 선진국 한국의 새로운 길을 찾아야 한다. 국민이 믿고 선도할 수 있는 미래 한국 대전략을 제시해야 한다. 민주당은 이제라도 2024년을 내다보고 마스터플랜을 세워야 한다. 국민의힘은 검찰 수사를 통해 나름 총선에서 우위를 갖겠다는 계획을 세워 지난 정부의 국정까지 레드라인을 넘어서며 야당에 맞불을 놓고 있다. 민주당도 우왕좌왕 할 것이 아니라 과거로 가는 집권 여당의 행태를 넘어서는 독자적이고 독보적인 새로운 정치의 대전략을 보여줘야 한다. 내외부의 양단간의 선택을 강요하는 디커플링의 압박을 떨쳐내고 새로운 활로를 열어젖혀야 할 때이다.

내부로부터 정치 개혁

정치의 피로감은 정치의 알람 기능이 깨지며 나타난다. 이는 정치의 위기이자, 심하게는 정치적 내전 상황이다. 국민 일상이나 일자리, 미래와는 무관한 의제들이 온통 정치를 휘감고 있다. 정치에 대한 피로는 정치가 국민의 삶과 미래와 분리되어 있다는 신호다. 정치가 사회에 희망과 낙관을 주지 못하고, 언론은 정치의 부족함을 이용하거나 과장해서 전달하면서 생기는 문제다. 대대적인 정치 변화가 일어나지 않으면 정치의 위기가 우리나라의 위기, 미래의 위기를 불러오는 상황으로 치달을 수 있다.

윤석열 정권이 35%를 맴도는 낮은 지지율, 정책적 무능, 정치적 갈등에도 불구하고 기세등등한 것은 민주당이 제대로 된 행동을 보여주지 못했기 때문이다. 민주당은 무엇보다도 유권자들의 일상에 필요한 것들을 가져다주고, 어려울 때 손을 내밀어주고, 가려운 데를 긁어줄 수 있어야 한다. 지금처럼 경제가 좋지 않을 때 우리가 상대편보다 더 나은 결과를 가져오리라는 확신과 희망을 심어줘야 국민이 지지해 줄 것이다. 우리는 검찰청사, 대통령실 앞으로 행진할 것이 아니라 미래로, 다음 세대로, 디지털 시대로 행진해야 한다.

현재의 싸움은 결국 경제 위기에 대한 해법을 누가 잘 내느냐가 다음 총선에서 어느 정당이 이기느냐로 결론이 날 것이다. 지금은 여야가 내년 총선을 위한 판짜기, 선거 구도를 서로 자기 쪽으로 유리하게 만들어 가는 전략적인 과정이다. 윤석열 정부는 검찰 수사를 통해 민주당을 무기력한 정당, 민심과 멀어지는 정당으로 만들려고 하는 중이며 민주당의 지지도가 정체 상태에 머물러 있다는 것은 윤석열 정부의 이런 전략이 먹히고 있다는 증거이다.

민주당은 지금이라도 미래 비전을 이야기해야 한다. 새로운 정치에 대한 미래 지도와 담대한 비전을 보여주는 모습을 보여줘야 한다. 새로운 리더십을 갖기 위해서는 과거의 견문을 넘어 미래의 탐문으로 정치의 성격이 달라져야 한다. 새로운 정치의 방향을 탐색하고 기획하고 성취하는 도전 현장의 최전선에 민주당이 있어야 한다. 민주당도 지지자 중심의 팬덤 정치를 넘어서고 함께 변해야 한다. 정치 개혁과 새로운 정치에 대한 민주당의 상상력과 기획력의 눈높이가 올라가야 한다.

넬슨 만델라 전 남아공 대통령은 훌륭한 정치가이자 뛰어난 전략가였다. 그는 "친구를 가까이하라, 적은 더 가까이 하라."라는 명언을 남겼다. 말뿐만이 아니었다. 정치적 라이벌을 내각의 일원으로 받아들였다. 정당이든 조직이든 경직되거나 획일적인 분위기는 좋지 않다. 다른 생각과 다양한 생각과 같이 공존해야 한다. 이는 친문, 친이 등 언론에서 말하는 계파 갈등이나 내부 갈라치기 프레임보다는 핵심은 민주당 혁신과 정치 개혁 여부에 달려 있다. 민주당의 혁신과 정치 개혁, 정당 개혁 여부에 따라 총선 승패의 변화가 있을 것이다.

정치 개혁, 혁신을 만들면 위기 상황은 오히려 기회가 될 것이다. 이것을 만드는 것은 리더의 역할이기도 하다. 유능한 선장은 폭풍우를 두려워하지 않는다. 300여 척의 판옥선을 가지고도 전멸한 원균이 있고, 12척으로도 왜선 수백 척을 전멸시킨 이순신도 있다. 지금은 다가오는 폭풍우에 맞서 바다를 건너는 용기와 대담함이 필요하다. 민주당이 먼저 새로운 정치를 이끄는 선도 정당, 새 판 짜기의 주도자가 돼야 한다.

아인슈타인은 "같은 일을 하면서 다른 결과를 바라는 건 미친 사람이다."라고 말했다. 최악의 상황은 정치 개혁과 민생을 민주당이 이끌지 못하는 것이다. 당의 위기는 국민들에게 희망을 주지 못할 때 다가온다. 당이 우리나라의 미래와 비전, 혁신을 보여주지 못하는 게 최악의 상황이다. 이제 민주당은 정치 개혁과 민생 의제, 우리나라의 미래를 이끌 수 있는 디지털 정당으로 바꾸어 혁신을 선도해야 한다. 그래야 살아남는다. 이긴다.

프랑스의 대표적인 라캉주의 정신분석가인 필리프 쥘리앙은 프랑스 혁명을 심리학적으로 이렇게 말했다.

"오늘날 아버지는 어떻게 되었는가? 벌써 200주년을 기념한 바 있는 프랑스 혁명에 의해 새로운 형태의 '형제애'가 세상에 태어났다는 것을 우리는 알고 있다. 프랑스 혁명으로 생겨난이 형제애는 어떠한 아버지도 가지고 있지 않다. 루이 16세의사형은 곧 '부친 살해'가 아니었겠는가? 프랑스인들은 정치적으로 고아가 됨으로써 서로를 형제로 받아들였다."

필리프 쥘리앵이 말한 '아버지'란 단순히 한 자식의 부친이 아니라, 지배자 즉 국가를 통치하는 권력자를 의미했다. 처음에는 정치적 종교적 아버지였고, 여기에서 가족적 의미의 아버지가 파생되었다. 과거의 황제나 왕, 원로원, 귀족들이 사회적 연합을 통해 그 통치자의 권력 즉 '부권'을 구현하고 있었던 것이다.

하지만 현대의 시민은 '권위적이고 관습적인 부권'에 대해 새로운 혁신과 시대정신으로 '심리적인 부권 제거'를 하고 있다. 스스로 정치적 고아를 선택함으로서 형제애로 형성되는 시민 사회의 기반을 만들어 간 것이다.

사실 이러한 정신분석은 비단 프랑스에만 국한된 사실이아니다. 어떤 면에서 이러한 심리적인 접근은 우리 정치 지형이 처해 있는 상황을 통찰할 수 있는 심리적 현미경을 제공한다.

여당이 내세우는 '박정희'나 야당의 상징인 '김대중, 노무현'은 각각 우리 정치의 아버지로 자리매김 되고 있다. 정치적인 맥락에서 자식들임을 자임하는 거대한 각 정당과 정파라는 하나의 가문 의식 또는 내부의 특정 집단 의식을 형성해서 정당 내부의 합리적인 의사소통을 억누르고 있다.

특히 새로운 정치에 대한 욕구는 전형적인 심리적 도전이다. 새로운 정치, 제3정당은 부권을 부정하고 심리적인 부권 제거를 통해 정치적 고아를 선택하려는 도전이었다. 하지만 제3정당이나 신당이 실패하는 것은 정치적 아버지와 그 힘을 이루는 자식들을 동시에 사유하지 않고 표피적인 이미지에만 매달려 싸우기 때문이다.

여권 진영에서는 극우 세력들이 민주주의에 대한 피로와 증오 범죄에 해당하는 발언을 통해 차라리 지난 독재 시절의 박정희나 전두환이 더 나았다고 주장하고 있다. 표현의 자유를 핑계로 관용적인 해석을 하려해도 그 역사적 후안무치와 심리적 퇴행에는 서글픔마저 앞선다.

총선을 앞두고 여야 모두 다시금 혁신과 신당의 도전에 직면해있다. 이것은 물갈이의 문제가 아니다. 앞에서 말한 것처럼 새로운 질서를 만들기 위한 심리적 도전이다. 만일 이 과정에서 혁신이 실패하게 되면 오히려 유아들처럼 심리적인 칭얼거림에 빠져들어 더 권위적이고 강한 아버지상을 찾을 가능성이 있다.

우리 사회의 진정한 변화는 아버지의 권위가 아니라 형제애에 근거한 정치적인 변화에서 시작되어야 한다. 지역이나 계파 대립이 아니라, 정당들이 형제애를 받아들이는 구조 개혁이 일어나야 한다. 진정한 혁신은 정치적 아버지에게서 나오는 것이 아닌 서로를 형제애를 받아들임으로써 오는 것임을 이해해야 한다. 혐오와 증오가 아니라 존중과 연대를 받아들이는 형제애는 혁신의 뿌리를 튼튼하게 만들 것이다. 이러한 심리적 도전이 국민에게 분명하게 인식될 때 냉소와 무관심에 변화가 시작될 것이다. 진정한 혁신은 정당 내부의 아버지를 두고 싸우는 증오가 아니다. 서로를 형제로 받아들이는 것이다. 정당들의 대담하고 과감한 정치 혁신이 우리 미래를 새롭게 할 것이다.

6

디지털로 꿈꾸는
팩스 코리아

디지털 정부, 새로운 시대로

몽골의 역사에서 가장 위대한 인물이라면 단연 칭기즈 칸으로 널리 알려진 테무진일 것이다. 당대 개천용의 상징이었던 그의 삶은 파란만장했다. 죽을 고비를 수십 번 넘긴 끝에 초원 부족들을 통일해 몽골 대제국을 이룩했다. 그에게도 경쟁자가 있었는데, 몽골 통일을 두고 마지막까지 겨룬 자무카다. 자무카는 테무진과는 배경부터 다른 '금수저'였다. 많은 이가 정치적 경제적 기반이 탄탄한 자무카가 몽골을 통일할 거라고 예상했지만 결국 승자는 테무진이었다.

테무진은 인재 등용에 차별이 없었다. 지금도 그렇지만 과거에는 인재를 누가 더 잘 쓰느냐에 따라 천하의 패권을 가질 수 있었다. 테무진은 배경에 관계없이 능력 위주로 인재를 등용했다. 그리고 신상필벌에 있어서 후방까지 공적에 따라 분배했다. 과거에는 인재 등용과 신상필벌만 제대로 해도 나라의 기강이 잡혔다. 차별 없는 인재 등용, 공정한 분배가 조직을 지속 가능하게 하는 요건인 셈이다.

산업화 없는 우리 경제는 생각할 수 없다. 그렇다고 디지털 대전환의 시대에 여전히 산업화 경제만을 고집할 수 없게 되었다. 이미 우리나라는 산업화를 넘어선 디지털 경제 시대로 진입했으니 세계를 바라보는 관점도 달라져야 한다.

우리나라의 주력 산업은 산업의 발전에 따라 시대별로 변화해왔다. 1960년대에는 섬유, 신발 등 경공업, 1970~1980년대의 전자, 석유화학, 기계, 철강, 조선 등 중화학공업, 1990년대 이후에는 자동차, 반도체, 정보통신 등으로 빠르게 변화해 왔다. 문재인 정부에서는 이미 탄탄하게 기반을 유지하고 있는 제조업을 전제로 디지털 대전환을 준비했다. 향후 우리나라의 생존을 위해 디지털 경제로의 대전환은 선택이 아닌 필수 동력이 되었다.

이제 세계의 기술 패러다임은 아날로그에서 디지털로 바뀌고 있다. 디지털의 크기가 나라의 크기가 되는, 전에 볼 수 없었던 새로운 도전의 시대에 서 있다. 디지털 시대의 영토에는 지도에 그어진 국경선이 무의미하다. 그런 만큼 국가의 가능성에도 한계는 없다. 그러므로 디지털 시대의 우리 영토는 우리의 상상력과 그 상상력을 받쳐주는 과학 기술 역량에 달려 있다고도 해도 과언이 아니다.

세계를 강타한 위기가 새로운 역사를 만들고 있다. 과거에도 인류 문명을 위협했던 감염병과 전쟁이 지나면 세계의 판도는 달라졌다. 유럽을 위협했던 14세기 흑사병이 지나고 르네상스 시대가 도래했고, 세계 대전 이후 냉전 등으로 세계 질서는 재편되었다. 과학과 기술이 만드는 변화의 흐름을 읽었던 국가는 미래로 나아갔고, 변화에 둔감했던 국가는 도태되었다.

역사적으로 1820년을 '대분기'라고 하는데, 산업 혁명에서 비롯된 경제력을 바탕으로 동서양의 격차가 벌어지는 시기였다. 이때부터 국제 질서가 잡히기 시작했는데, 200여 년 동안 질서가 굳어진 채 이어져 왔다. 선도국가와 추격국가의 교체가 없이 쭉 이어져 왔다는 사실이다. 그런데 이 질서를 깬 나라가 우리나라이다. 세계에서 전례가 없는 일을 만든 나라이다. 우리나라의 정보기술IT 경쟁력은 출중하고, 이를 바탕으로 4차 산업 혁명 시대의 선도 그룹에 당당히 자리하게 되었다.

디지털 대전환은 직접 수행해야 하는 우리의 일이다. 우리나라는 글로벌 테스트베드, 디지털 혁신의 선두주자이다. 국토 면적은 세계 110위에 불과하지만, 내수 시장의 규모는 2021년 기준 13위이다. 한국인들은 소득 수준과 소비 수준도 높다. 글로벌 유행에 민감하고, 빨리 흡수하는 편이다. 코로나19로 인한 세계적 경기 침체 속에서 드러난 것처럼 제조업 경쟁력이 살아 있고, IT 인프라도 세계 최고 수준이다.

미국과 중국이 글로벌 기술 패권 경쟁을 벌이고 있는 지금의 세계정세는 우리나라의 위기이기도 하지만 동시에 기회이기도 하다. 그 기회가 현실이 되기 위해서는 디지털이 해법이다. 우리나라를 이끄는 리더가 국가 과제를 무엇으로 선정하느냐에 따라 우리의 운명이 달라질 것이다. 우리나라가 글로벌 선도국가를 이루겠다고 한다면 기회는 지금이다. 국가 포트폴리오가 제대로 갖춰져 있고, 국가 경쟁력도 어느 때보다 강한 시기이다. 디지털 대전환의 시대를 어떻게 이끄느냐에 따라 한반도에도 드디어 선도국가가 자리하게 되는 것이다.

"우편 마차는 아무리 여러 대 연결해도 결코 기차가 될 수 없다."는 미국 경제학자 조지프 슘페터의 말처럼 디지털 대전환으로 변화하는 산업을 적극적으로 대처하지 못하면 우리는 그저 우편 마차에 머물게 된다.

4차 산업 혁명 시대가 되면 디지털 대전환으로 인해 일자리가 줄어든다고 우려하는 것은 근시안적 시각이다. 산업에 맞게 일자리가 새로 생성되듯 콜센터 직원, 출납창구 직원, 중개인, 번역가 등의 일자리는 생성형 인공 지능 등의 발달로 확실히 줄어들 것이다. 하지만 인공 지능, 사물 인터넷, 로봇 산업 등에서는 새로운 일자리가 생겨날 것이다. 디지털 대전환에 135조 투자를 통한 200만개 일자리 창출은 매우 구체적이고 실현 가능성 높은 예측이다. 또한 기초 및 첨단 R&D 투자를 통해 사회 전체적으로는 이런 대격변, 대전환 시기에 인재 양성과 직업 전환에 대비한 과감한 교육과 투자가 필요하다.

행정안전부에 의하면 우리나라의 디지털 정부 구축 역사는 1967년까지 거슬러 올라간다. 당시 경제기획원 통계관리국이 통계관리를 위해 IBM 1401이라는 컴퓨터를 도입했는데, 이는 우리나라 최초의 컴퓨터이고, 디지털 정부 구축의 효시라고 했다. 컴퓨터를 시작으로 50년간 비약적 발전을 통해 세계 최고의 디지털 정부 선도국가로 우뚝 서게 되었다.

디지털 정부 구축을 향해 달려온 지난 역사에 대해 무지한 일부 정치인들은 시대를 따라잡지 못하고 있다. 이미 출시된 줄도 모르고 디지털 정부의 공약으로 구인구직 앱을 들고 나오는 것을 봐도 그렇다. 물고기가 지나간 곳에 그물을 던지는 꼴이다. 선도국가로 올라선 우리나라가 디지털 대전환을 통해 명실상부한 선진국으로 자리하려면 국가 운영 전략으로서 실질적으로 디지털 대전환을 대비해야 한다.

디지털 정부, 디지털 국가로 안착하기 위해서는 디지털 전환의 인적 기반을 조성하고, 지식 인프라를 확충해야 한다. 향후 30년을 준비하는 만큼 교육체계를 혁신해 디지털 인재를 양성해야 한다. 초·중등과정의 디지털 역량 교육을 확대하고, 디지털 전문 인력을 키우는 대학 교육도 더욱 강화해야 한다. 첨단 분야 산학 협력을 활성화해 실무형 인재가 적재적소에 진출할 수 있도록 해야 디지털 미래 인재 100만 명 양성을 달성할 수 있을 것이다.

그러나 여전히 디지털 대전환이라든가 4차 산업 혁명에 대한 인식 전환은 높은 편이 아니다. OECD 중장기 전망에 따르면 우리 경제의 잠재성장률은 코로나 팬데믹 이전인 2.8% 수준 2007~2020년에서 1.9% 수준2020~2030년으로 낮아지고, 0.8% 수준2030~2060년까지 둔화될 것이라 한다. 산업과 경제의 고도화에 따른 자연스러운 현상이지만, 우리 경제가 곧 직면할 잠재 성장률 하락을 극복하기 위해서는 과감한 투자와 디지털 혁신이 이루어져야 한다.

최근 현대경제연구원의 조사에서는 국내 기업 중 약 50.7%가 4차 산업 혁명에 대해 알고 있다고 하는데, 대기업은 60.0%, 중소기업은 47.0%로 대기업이 중소기업보다 인지도가 높았다. 많은 기업들56.7%이 4차 산업 혁명에 대한 준비 부족을 호소하고 있고, 특히 중소기업들은 대응 수준이 낮은 것62.4%으로 나타났다. 아직도 우리 기업, 우리 경제의 디지털 대전환에 대한 인식 수준은 낮고, 준비가 부족한 것이 현실이다.

디지털 대전환을 하나의 트렌드로만 여기고 흉내 내는 수준에서 그쳐서는 안 된다. 디지털 정부로까지 발전시켜야 할 만큼 거대한 변화로 일상 전반의 디지털 전환을 의미한다. 이를 위해 필요한 것은 생각의 기준을 바꾸는 것이다. 그래야 새로운 게 보인다.

시장 경제와 민주주의는 두 바퀴로 가는 마차처럼, 한쪽으로만 보는 것이 아니라 겹눈이어야 한다. 이제 우리 경제는 불공정한 독점과 독식을 넘어서는 더 나은 시장과 더 많은 민주주의가 필요하다. 디지털 대전환 시대의 경제는 소수만의 독식 경제, 불공정의 경제를 넘어서는 공정의 경제이자 이해관계자 모두에게 함께 이익이 가는 품이 넓은 경제가 되어야 한다.

경제민주주의는 헌법에만 있는 것이 아니라 기업에도, 시장에도, 우리 일상에도, 노동자와 가게 주인의 통장에도 있어야 한다. 여기에 디지털 대전환 경제가 요구된다. 디지털 대전환 경제는 플랫폼 경제와 갈등하고 반목하는 것이 아니라 더 나은 시장 경제를 구축해야 한다. 플랫폼 경제를 포함하지만 혹시 있을 독점과 소수의 규칙을 넘어서는 '포월의 경제'로 말이다.

디지털 시대, 일자리를 창출하라

4차 산업 혁명 시대에 새로운 일자리가 창출되지만, 동시에 인공 지능 등에 의해 사라지는 기존의 일자리도 있다. 새로운 변화의 시작은 장밋빛 꿈으로 나타나기보다 한바탕 쓰나미에 가까울 수 있다. 그래서 많은 사람들이 4차 산업 혁명, 디지털 대전환의 거대한 물결 앞에서 도전보다는 두려움에 발목이 잡힌다.

가장 큰 두려움은 대량 실업의 가능성에 있다. 소프트웨어나 자동화 기계 같은 노동력을 절감하기 위한 기술이 인간 노동자를 정리해고할 것이라는 우려를 가지게 마련이다. 2021년 전경련이 모노리서치를 통해 조사한 결과 2030세대 중 83%가 우리나라가 미래 산업 사회에 진입하면 일자리가 감소할 것이라고 걱정하는 것으로 나타났다. 물론 이런 우려가 전혀 근거 없지는 않은 것이 지난 2016년 국제노동기구는 로봇의 확산으로 인해 향후 20년간 아시아에서 1억 3,700만 명이 일자리를 잃을 수 있다고 경고한 바 있기 때문이다.

그러나 디지털 대전환 시대가 된다고 해도 우려처럼 대량 실업을 유발하지는 않을 것이라는 근거도 있다. 산업 분야에서 자동화 기계 사용은 이미 수 세기 동안 이어져왔고, 과학 기술은 수 세기에 걸쳐 인간이 일하는 방식을 변화시켜왔지 대량 실업을 유발한 적이 없었다는 점이다. 디지털 대전환으로 생산 효율이 높아지고 비용이 감소할 것이며, 전기차와 로봇, OLED와 차세대 반도체, 에너지 신산업과 첨단 신소재, AI 분야에서 새로운 일자리가 생길 것이라고 예상하고 있다.

다른 문제로는 과학 기술의 발전이 불공평하게 이루어져 디지털 격차, 정보 격차라는 새로운 형태의 불평등을 초래할 것이라는 전망에 있다. 과학 기술이 가져오는 혜택이 디지털이나 정보에서 뒤처진 경우나 경제적 약자들의 경우엔 오히려 고통으로 작용할 거라는 점이다.

다만 사라지는 일자리가 있는가 하면 생성된 일자리도 있다. 즉 선택 가능한 일자리에서 커다란 변화를 가져올 것이다. 노동자를 대체한다기보다 재배치한다고 이해할 수 있으며 노동 시간을 늘리거나 줄이기보다 노동 유형의 변화를 가져올 것이다. 인간이 담당하는 직무에 대규모 전환이 이루어질 것이다. 일자리가 부족해지기보다 일의 성격이 변화될 것이라 예상할 수 있다.

그럼에도 대응책은 마련해야 한다. 일자리의 상실과 새로운 일자리로의 전직 과정에서 발생할 사회경제적 양극화에 대한 사회안전망이 굳건해야 한다. 고급 디지털 인재 양성을 통해 인공 지능, 로봇, 스마트카, 드론, 가상 현실, 사물 인터넷, 클라우드, 빅데이터, 모바일, 3D 프린팅 등의 미래 유망 산업으로, 일자리 대전환으로 변화에 대응할 필요가 있다.

지금 우리에게 필요한 것은 과거 경험을 토대로 대전환 이후의 미래를 예측하는 것이 아니라 과감한 혁신과 대담한 도전이다. 지속 가능한 발전을 위해 디지털 인재를 키우고 일자리를 만들어 성장을 이끌어 가야 한다. 위기를 기회로 전환하고, 공정하게 누림으로써 지속적 성장을 이루어야 한다. 또한 인재 양성을 위한 재교육과 직업훈련교육을 고도화하고, 산업화 과정에 맞게 재편되어야 한다.

산업화가 한창이던 1970년대 우리나라는 중화학, 철강, 기계 산업 등을 중심으로 연평균 8% 이상의 고도성장을 이루었다. 산업 현장 요구 인력을 양성하고 공급한 직업훈련은 고도성장의 견인차였다. 우리나라의 직업훈련제도는 제2차 경제개발계획 수립시기인 1967년 직업훈련법을 만들면서 시작되었다. 당시만 해도 재정적 여력이 없던 시절이라 국제 원조로 국립중앙직업훈련원을 설립하고 훈련 교사 양성부터 시작했다. 독일, 벨기에 등의 선진국 제도를 배우고, IBRD^{국제}개발은행에 빚을 내 지역별 훈련원을 설치해 나갔다. 오늘날 한국폴리텍대학이 있기까지의 역사이다.

직업훈련은 정부 부처별 산업 육성 정책과 개별 산업 현장의 인력 수요 사이에 다리 역할을 하며 우리나라 산업의 고도성장에 중요한 역할을 수행하였다. 하지만 고도성장기가 끝나고 IMF를 기점으로 우리나라를 이끌어가던 사회 시스템이 급격히 변화했다. 2000년 초반에는 초고속통신망 보급과 정보 소통의 급증으로 IT 산업이 빠르게 성장했고, 기업이 생존을 위해 IT를 기본으로 두었다. 좁아진 취업 시장은 교육과 산업의 괴리를 드러냈고, 대학은 학문보다 취업의 비중이 커져갔고, 직업훈련도 훈련과 교육이라는 상호 수렴적 변화가 있었다.

다시 20여 년이 지난 현재 우리는 제품과 서비스를 소비하며 수많은 데이터를 쏟아내고, 기업은 데이터로 인공 지능을 단련시켜 소비자 욕구에 실시간 대응하며 인간의 역할을 대체해가고 있다. 한편으론 현실과 가상이 융합된 초연결 '메타버스 시대'가 도래했다. 페이스북은 메타버스 기업으로, 자동차 산업은 모빌리티 산업으로 스스로를 재규정하고 있다. 기업은 새로운 생존 전략을, 노동자는 새로운 직업 능력을, 직업교육은 새로운 시대적 역할을 요구받고 있다.

향후 직업 능력의 핵심은 현실과 가상, 사물과 인공 지능을 아우르는 초연결 능력이 예상된다. 대학을 졸업하고 다시 코딩 교육을 받는 이들이 늘고 있다. 대학의 종말이 단지 허튼 소리로만은 들리지 않는 현실이다. 대학과는 달리 직업교육은 산업의 인력 수요에 유연하게 대응하며, 사회의 일자리 안전망을 책임지고, 교육의 실패까지 보완하는 중요한 국가 기능이다. 대학은 선택이지만 일자리는 필수인 것이다.

직업교육 강국 싱가포르는 생애 전주기를 아우르는 체계적 직업교육과 4차 산업 혁명의 선도자로 꼽힌다. 그 핵심은

2015년부터 정부, 기업 대표, 노동조합, 전문가가 모인 실무 협의체 스킬스퓨처 싱가포르SSG이다.

우리도 직업교육 체계에 대한 과감한 혁신과 변화를 위해 산업계, 정부, 노동계, 교육계가 모두 참여하는 '국가직업교육협의체'를 구성하고, 산업간 융복합과 이에 따른 노동 시장의 변화, 신산업 육성 등에 필요한 종합적인 인력 양성 계획을 수립해야 한다. 이로써 정부의 산업정책은 산업 현장의 의견을 반영하고, 맞춤형 교육 훈련 과정 설계로 신산업 육성이 곧 일자리와 연계될 수 있다.

훈련 기관도 고도화가 필요하다. 산업간 융합이나 신산업 분야에 대응할 수 있도록 적극적 시설 투자가 필요하며, 특히 공공 훈련 기관은 전국 단위의 촘촘한 직업훈련 서비스를 제공할 수 있는 인프라로 재편해야 한다. AI와 메타버스, 융합의 시대에 우리의 직업교육 시스템은 얼마나 준비되어 있는가? 이제라도 우리 산업의 미래를 위해 대대적인 개혁에 나서야 한다.

디지털 정당, 다오 정당

우리나라의 현대 정치사에서 정당의 평균 수명은 5년 정도밖에 안 된다. 물론 근원은 그대로인 채 당명만 바꿔오기는 했지만 우리나라의 정당 정치가 오랫동안 거물 정치인 계파에 기초하여 이합집산을 거듭했던 이유가 크다. 2024년 총선에서는 여야 모든 정당들이 난국을 돌파하려는 구심력과 분당과 창당을 통해 새로운 동력을 만들어 보려는 원심력이 작용할 것으로 보인다.

미국 시사주간지 US 뉴스 앤드 월드 리포트USNWR가 발표한 가장 강력한 국가 순위에서 우리나라는 2022년 8위에서 두 단계 상승한 6위로 올라섰고, 일본이 8위였다. 정치 또한 선진적이어야 우리나라의 세계적 위상과 미래를 지속하여 드높일 수 있다. 정치가 해야 할 의제는 산적하며, 특히 국민공천제는 선진 정치의 인프라를 구축하는 일이다.

정치의 디지털화는 더딘 편이다. 디지털 시대에 맞는 정치에 대한 고민이 필요하다. 국민공천제로의 개편이 필요하다. 권력자가 공천권을 내려놓고 국민이 공천할 수 있게 해줘야 한다. 디지털 시대의 화두인 다양성 측면에서 적절한 제도를 마련해야 한다.

선거제도는 현역 정치인, 의원들의 이해관계가 그만큼 첨예하게 부딪히는 문제이다. 민주주의의 정착으로 정권 교체가 일상화된 정치 상황에서 이제는 국회의원 선거제도 개혁은 사실 정권 교체 이상의 정치 발전을 가져올 것이라고 생각한다. 정치적 다양성의 회복, 양당제의 대결 구도 타파를 목표로 다음 총선 이후라도 오픈프라이법을 통한 100% 국민공천제, 중대선거구제, 독일식 권역별 비례대표제를 도입하는 정치를 보고 싶다.

극한의 진영 대결, 극단적 지지 세력의 등장으로 인해 여당인 국민의힘과 야당인 민주당이 보수와 진보 양쪽에 치우친 정당으로 포지셔닝 되고 있다. 다수 유권자라 할 중도의 선택지가 좁아지고 있는 상황이 신당 출현 가능성을 높이고 있는데, 사실 이런 흐름은 주기적으로 있어 왔다. 다만, 새 정치, 신당에 대한 요구가 특정인 중심으로 수렴되면서 실패한 사례를 다시 반복해야 하는 것에 의문을 가지고 있다. 그런 점에서 박영선 전 중기부장관이 제안한 '다오DAO, Decentralized Autonomous Organization 정당'과 같은 새로운 탈중앙화된 리더십과 시스템이 인물 부재와 극한 대결 정치의 대안이 될 수도 있다고 생각한다.

다오는 특정 주체가 책임지는 것이 아니기에 중앙화된 관리 주체의 위계나 서열 없이탈중앙화, Decentralized, 별도의 명령이나 관리가 필요 없는, 투명하게 정해진 규칙에 따라 구성원 모두가 자율적으로 공동의 의사 결정에 참여자율, Autonomous하는 조직Organization의 줄임말로, 탈중앙화된 자율 조직을 뜻하는 용어이다.

다오 정당은 당대표가 없는 것이 아니라 당대표가 일방적이고 폐쇄적인 방향으로 조직을 이끌어가는 문제점을 자율적 조직으로 바꾼 정당이다. 또한 다오 정당은 강력한 소수의 목소리가 지나치게 높고, 소통을 왜곡하는 시스템을 바꿔 투명하고 합리적인 시스템으로 새로워지는 것을 지향한다. 물론 대표가 방향성을 제시하되, 중요한 결정에 개입하거나 정파적 행동을 해서는 안 된다. 정당의 정책 프로세스도 다오 방식의 제안, 의견 수렴, 투표, 실행의 과정을 거쳐 정책화한다. 그 과정에서 새로운 상상력을 가진 해법이 등장해 매우 복잡한 사회 문제를 해결할 수도 있다. 정당이 가장 실험적이고 창의적, 혁신적인 생각을 담아내지 못하면 앞으로 디지털 대전환 시대의 리더십을 보여주지 못할 것이므로 더욱 다오 정당으로의 전환이 시급하다.

민주당 역시 다오 정당으로 변화할 수 있다고 본다. 다오 정당은 의사 결정에 당원 전체를 참여시키는 프로토콜과 프로세스에 의해 운영된다. 당원 중심의 정당에 디지털 민주주의 형태를 더 강화해 팬덤이나 강경 의견에만 자원이 배분되거나 의견을 지배하는 문화와 시스템을 바꿀 수 있다. 실행할 수 있는 수단으로는 블록체인 기술과 스마트 컨트랙트를 상정할 수 있다.

국민과 시대는 변하고 있는데, 우리 정치는 답보하며 퇴행의 조짐을 보이고 있다. 정치 개혁에 대한 요구는 매 시기마다 있었다. 정치 변화에 대한 요구는 새로운 그릇과 틀이 필요한 정치의 변화를 동시에 요구하는 것이라 생각한다. 시대는 대전환을 맞이하고 있는데 정치나 국정 운영은 시대와 맞지 않게 극한 대결 속에 제자리를 맴돌고 있다고 국민은 생각한다.

대통령과 정부를 견제해야 할 거대 야당인 민주당도 새로운 정치를 위한 혁신에는 기득권과의 충돌이 따를 것이다. 기득권을 얼마만큼 내려놓느냐에 따라서 그 폭이 달라진다. 민주당은 기득권을 내려놓고 혁신했을 때 과반 의석을 획득했었다. 민주 세력이 처음으로 과반 의석을 획득한 2004년도 총선에서 노무현 대통령은 공천에 개입하지 않았고 경선제를 도입했다. 그것이 정치 개혁을 선도했던 민주당의 모습이다. 민주당은 2004년도 당시 노무현의 정치 개혁 정신을 시대 변화에 맞춰 돋우어야 한다고 생각한다. 그래야 젊은 세대 또한 민주당으로 많이 들어올 수 있고 보다 활력 있는 민주당으로 변모할 수 있다. 공천제도를 혁신하게 된다면 당 운영이 공정해질 수밖에 없다. 민주당이 먼저 발 빠르게 움직이는 과감한 정치 개혁이 필요하다.

우리나라 대부분의 분야가 아날로그에서 디지털 시대로의 변화에 진력을 다하고 몸부림치고 있다. 오직 정치권만 지체하고 있다. 양당의 극단적 충돌과 말싸움 정치는 그쳐야 한다. 정당은 디지털 시대에 맞는 디지털 정당으로 바뀌어야 된다. 다양성을 인정하고 공정성을 확보하고 기술의 발달에 따른 정책을 구비하는 정당 말이다. 디지털 시대의 우리나라가 추격국가를 넘어서는 선도국가로서 자리 잡을 수 있는 정당으로서 민주당이 우뚝 서야 한다. 공천권을 당원과 국민에게 돌려주는 디지털 정당, 다오 시스템을 도입해야 한다. 요즘 MZ세대가 가장 갈망하는 게 공정성이다.

노벨 화학상 수상자인 로알드 호프만은 저서 《같기도 하고, 아니 같기도 하고》에서 "나는 과학의 전체적인 영향은 두말할 필요도 없이 가장 깊은 의미에서 민주화라고 생각한다. 과학은 옛날에는 특권 엘리트에게만 허용되었던 필수품과 안락함을 훨씬 더 많은 사람들에게 제공할 수 있도록 했다." 라고 말했다.

새 정치는 기득권과 내부가 아니라 혁신과 바깥과의 소통을 말한다. 그 바깥은 외국이나 현재만을 말하는 게 아니다. 새 정치의 궁극은 미래이며 아직 오지 않은 다음 세계와의 소통이 새 정치의 정점이 될 것이다. 우리의 미래를 새롭게 재편하는 창조와 상상이 바로 새 정치의 핵심이다. 미래의 지도, 미래의 방향을 그려내야 새 정치가 국가 발전의 엔진이 될 수 있다.

디지털 정당은 기존 기득권과 내부의 질서를 새롭게 재편하는 것이다. 세상은 시간이 흐를수록 디지털로 변해 가는데 현재 우리 정치의 모습은 아날로그 정당의 전형이다. 아날로 그라고 해서 무조건 부정적인 것은 아니지만 시대의 변화에 민감해야 할 정당들이 폐쇄적이고 경직되어 있다면? 일방적인 극렬화에 과거에 갇혀 미래를 준비하지 못하고, 소통 없이 이념에 바탕을 둔 극우나 팬덤 정치가 횡행한다면? 누구라도 변화를 원할 것이다.

시작은 우리 정치가 식견과 안목을 높이는 것에서부터이다. 디지털 대전환 시대를 직면하는 지금, 생각의 크기를 키우고 사유의 시선을 한껏 드높여야 한다. 낡은 과거의 지도에 갇혀서는 창발적 정치의 상상력을 발휘할 수가 없다. 미래를 깊이 조명하며 운동장을 넓게 쓸 수 있어야 한다. 지금 시대 상황은 장차 30년 우리나라의 표준국가 항로 앞에 가로놓인 가장 큰 난관이므로 정치도 과감하게 헌 판을 갈고 새 판을 짜는 개척자가 되어야 한다. 30년 산업화와 30년 민주화로 거대한 성취를 이뤘지만, 이제 폐쇄적이고 닫힌 아날로그 정당이 아니라 품이 넓고 새로운 시대에 걸맞은 디지털 정당으로 가야 한다.

디지털 대전환 시대, 판이 바뀌고 있다. 미중 기술 패권 경쟁이 불러오는 시대 변화를 제대로 읽어야 한다. 이제는 반도체가 핵무기보다 더 중요한 전략 자산이 되고 있는 현실이다. 우리 정치가 미래를 보는 식견과 안목을 높여야 하고, 특히 민주당이 선도적으로 디지털 정당으로 혁신하는 모습을 보여줄 필요가 있다.

국민의 이익과 다양한 의견을
아우르는 선거제

다수결은 의사 결정 방식 중 하나다. 민주주의를 내실있게 하기 위해서는 의견을 모으는 방식을 좀 더 진전시킬 필요가 있다. 우리 정치의 결점 중 하나가 소수파와 다양한 의견을 가진 집단의 여론을 정치적으로 결집시키지 못하는 것이다. 그 원인이 양당제와 소선거구제라는 지적처럼, 지금 당내 경선에서 보여주는 다수결 방식도 다양한 의견을 반영하지 못하고 있는 측면이 있다. 때로는 지금 구조의 다수결 경선 방식에서는 '3자 혹은 다자 구도'가 되었을 때 맞대결 다수결에서 '다른 모든 후보에게 패배하는 후보맞대결 패자'가 어부지리로 최다 득표를 할 수 있다. 프랑스 과학자인 보르다가 표현한 것처럼 "2명의 운동선수가 체력을 완전히 소진한 뒤, 제3의 약체 선수에게 진 꼴"이다.

따라서 앞으로는 다수결이라는 단순한 '민주화'를 넘어 '이후의 민주주의'를 가져올 수 있는 새로운 방식의 후보 선출 방식을 탐색해야 한다. 오늘날 보르다 투표법이라고 부르는 이 방식은 다양한 선택지가 있을 때 1위에 3점, 2위에 2점,

3위에 1점을 주는 식으로 점수를 매기고, 그 합계^{보르다} 점수에 따라 전체 순위를 결정하는 방식이다. 앞에서 말한 맞대결 패자라는 제3의 약체 선수가 제도의 허점을 통해 승자가 되는 방식이 아니라 맞대결 패자를 선택하지 않는 규칙, 다수결과는 다른 의사 결정 방식을 도입하는 것이 중요하다.

민주주의는 다수파를 위한 것이 아니라 모든 사람을 위한 것이다. 하지만 잘못된 의사 결정 방식을 채택하게 되면 민주주의는 다수파를 위하는 것이기는커녕, 소수의 맹목적 집단을 위한 제도로 전락할 위험이 있다. 다수결 방식이 아닌 보르다 투표라는 새로운 방식을 통해 우리 민주주의가 민주적이라고 칭해지는 형식적 제도를 실질적으로 민주화해가는 '민주화 이후의 민주주의'를 기대한다.

민주당뿐 아니라 국민의힘 의원들도 지금의 소선거구제가 가진 문제에 대해서는 인식하고 있다. 선거제도에 선 악이 있는 것은 아니다. 국민의힘은 지난 총선에서 연동형 비례제 개혁 극구반대, 소선거구제 고수라는 입장이었다. 자신들에게 소선거구제가 유리하다고 봤기 때문이다. 결국 공은 국회로 넘어왔다. 양당 정치를 극복하고, 다양성과 변화를 수용하고 반영할 수 있는 새로운 정치제도를 구축해야 한다.

소선거구제로 그 논의가 끝났지만 중대선거구제는 다음 총선 이후에도 반드시 논의가 시작되어야 한다. 소선거구제와 중대선거구제는 각기 장단점이 있는 제도로 어떤 제도가 더 완벽하다고 할 수는 없다. 각 제도를 도입한 나라의 사회적, 정치적 환경에 따라 평가가 달라지는 것이다. 소선거구제는 지난 '87년 체제'의 산물로, 당시 민주화의 물결 속에서 대통령제와 소선거구제가 도입된 것이다. 문제라고 한다면 당시 정치권의 이해득실에 따라 결선투표제가 없는 대통령제와 빈약한 비례대표제를 동반한 소선거구제가 도입되었다는 것이다. 그 결과로 영호남을 축으로 한 지역 대결 구도가 강화되기 시작했고, 최근 들어서는 의회가 다양성을 잃고 양당제가 지배하는 양상을 보이고 있다.

선거제 개혁은 정치 개혁을 위해 필요한 요소로, 중대선거구제가 완벽한 제도라고는 생각하지 않는다. 중대선거구제가 양당제를 더 강화할 것이라는 의견도 있으나 의회 다양성을 넓히기 위해서 중대선거구제와 함께 비례대표제의 확대가 필요하다. 연동형과 병립형 비례대표제로 다시 회귀하고 있지만 독일식 권역별 비례대표제가 적절한 방안이 될 수도 있다고 본다. 사실 87년 체제의 산물인 대통령제와 소선거구제 이후 실질적인 선거제도 개혁의 성과는 겨우 비례대표제의 일부 변경, 확대만 가능했을 뿐이다.

김대중 전 대통령은 있는 그대로의 민심을 받아 안는 의회 구성, 독일식 정당명부식 비례대표제도를 도입하고 싶어했다. 노무현 전 대통령은 권력을 모두 내주더라도 선거제도를 개혁하고 싶어 했다. 대연정을 제안하며 감정적으로 틀어지면 아무런 합의도 조율도 안 되는 정치를 바로잡아 보고자 했다. 손해를 보더라도 게임의 룰을 바꿀 수 있다면 그 선택을 하고 장기적으로는 국민이 이익을 보는 체계를 만들고 싶어 했다.

우리 정치가 의회주의와 국민주권 시대를 제대로 열어 가기 위해서는 정치 구조의 대전환이 필요하다. 그래서 87년체제형 참정권 시대가 아니라 표준국가형 참정권 시대로 가자고 제언하고 싶다. 현행 제도로는 유권자 표심을 제대로 반영하지 못하고 있기 때문이다.

1987년 이후 현행 소선거구제에서 치러진 역대 7차례 총선 결과를 분석한 결과, 선거 때마다 유효 투표의 절반가량인 1,000만 표 이상의 사표가 발생했다고 한다. 한마디로 현행 제도로는 유권자들의 표심을 제대로 반영하지 못하고 있다는 것이다.

헌법재판소의 지역구 편차를 2대1로 낮추라는 결정으로 선거구 및 제도 개편을 논의할 수밖에 없는 상황이다. 선관위에서 낸 2대1 구조도 굉장히 중요한 제안이다. 지금이야말로 국민과 함께 여야가 새로운 정치제도에 대한 근본적인 혁신을 논의할 수 있는 가장 적절한 시기라고 본다. 물론 이는 정치와 정치인에 대한 우리 국민의 신뢰가 낮아 쉽지 않은 일이긴 하다. 그러나 삼권분립의 헌법 정신과 국민을 대변하는 의회민주주의를 강화하기 위해서는 여야가 자기 앞의 이익을 버려야 한다. 미래를 위해서 과감한 결단이 필요하다.

우리나라 2023년 예산 규모는 약 638.7조의 규모에 이른다. 그중에서 국회의 1년 예산은 약 7,306억 원이다. 전체 국가 예산의 0.1144% 정도밖에 되지 않는다. 이 작은 예산으로 행정부와 사법부 등 다른 국가 권력 기관을 견제하고 감시해야 한다. 여전히 우리 정치는 국민을 대표하는 입법부가 집행부서인 행정부보다 강한 구조가 아니다.

이것이 다음 국회에서는 의회민주주의와 삼권분립 강화를 위해 국회법 개정안을 국회의원 다수의 동의를 얻어 통과시켜야 하는 이유이다. 이는 '정부시행령의 비정상'에 대한 '의회입법권의 정상화'라는 의미도 있지만, 더 중요한 것은 국민주권과 국회 중심의 의회민주주의를 위한 헌법 정신의 구현이라는 의미가 담겨 있다.

우리 사회의 미래를 위해서는 지금의 정치 지형인 양당제보다는 비례대표제 강화를 통한 다당제 구조로 가야 한다고 생각한다. 우리 정치는 국민들로부터 '정치 자영업자 정당'이라는 비판의 예봉을 따갑게 받고 있다. 어떤 이들은 민주당을 양당제를 통해 2등 기득권을 지키는 '포장술 정당'이라며 비판한다. 민주당에서 정치를 시작했고, 당에 커다란 자부심을 가진 사람으로서 이런 말을 들을 때마다 가슴이 아프다.

지금은 과감하게 안전한 2등 전략을 버려야 한다. 국민주권과 의회민주주의 그리고 새로운 정치 혁신을 위해서 양당제보다 다당제로의 정치 전환을 논의해 볼 때다. 지금 당장은 다당제가 우리에게 불리할 수 있다. 하지만 다당제는 진보에서부터 중도까지 국민의 이익과 다양한 의견을 아우를 수 있다. 우리 정치가 의회주의와 국민주권 시대를 제대로 열어가기 위해서는 정치 구조의 대전환이 필요하다.

우리나라는 여야 모두 정도의 차이일 뿐, 복지국가를 지향하고 있다. 국민들의 삶의 질을 높이고, 사회안전망을 높이는 방향으로 시스템을 재구축할 필요가 있다. 따라서 우리 사회의 미래를 위해서는 지금의 정치 지형인 양당제보다는 비례대표제 강화를 통한 다당제 구조로 가야 한다고 생각한다.

우리 헌법 제1조 2항, "대한민국의 주권은 국민에게 있고, 모든 권력은 국민으로부터 나온다."라는 국민주권 정신의 관점에서 보더라도 지금의 승자 독식 구조의 선거제도는 변화가 불가피하고, 혁신적인 대전환이 필요하다. 지금처럼 극단의 정치, 분열의 정치, 증오의 정치를 멈추고 정치 안정과 대화와 합의 그리고 통합의 정치를 이루어야 한다. 아직은 우리 정치가 많이 부족하지만 우리 국민을 위해 희망을 생산하는 공장이 되길 간절히 바란다.

알베르도 알레시나, 애드워드 글레이저의《복지국가의 정치학》은 미국과 유럽 출신 2인의 하버드 경제학자가 정치경제학적 접근으로 저술한 정치학 저서이다. 그들의 문제의식의 배경을 한마디로 규정하면 '미국과 유럽에서는 왜 복지국가에 대한 전혀 다른 태도가 형성되었을까'라는 질문이다. 이 질문에 대한 전제는 소득재분배에 대한 미국과 유럽의 뚜렷한 차이에서 비롯된다. 즉 미국은 서유럽에 비해 소득을 재분배하는 공공정책이 훨씬 부족하다.

저자들은 미국과 유럽의 차이를 만드는 원인을 찾으면서

경제적 요인으로는 그 의문을 풀 수 없다고 설명한다. 오히려 그들의 역사적, 문화적 차이가 더 중요하다는 것이다. 특히 선거제도와 같은 정치제도의 차이를 통해 복지국가에 대한 미국과 유럽의 차이를 설명하는 저자들의 접근은 탁월하다.

미국은 양당제를 바탕으로 하는 정치제도를 가지고 있다. 영국과 프랑스를 제외한 대부분의 유럽 나라들은 다당제를 기반으로 하는 정치제도가 일반적이다. 그리고 그 핵심에는 다수대표제와 비례대표제라는 선거제도의 차이가 있다. 이들의 분석에 따르면 복지국가와 양당제는 공존하기 힘들다. 복지국가는 미국식 다수대표제가 아닌 유럽식 비례대표제와 친화성이 있다. 양당제에서는 중산층이 증세와 같은 경제적 요인을 심각하게 받아들여 75%가 중도우파가 된다. 따라서 양당제에서는 중도보수가, 다당제에서는 중도진보가 연립 정부를 통해 집권할 가능성이 높다.

우리 정치가 국민들로부터 정치 자영업자 정당이라는 비판을 넘어서기 위해서는 무엇보다 비례대표제를 통한 다당제 정치시스템으로 가는 정치 개혁을 추진해야 한다.

디지털 대전환으로 팍스 코리아를 열다

2020년 우리나라는 OECD에서 처음 실시한 '디지털 정부평가'에서 종합 1위를 차지했다. 'OECD 2019 공공데이터 개방지수' 1위, '2020 UN온라인 참여지수' 1위, '2020 UN 전자 정부 발전지수' 2위, '2020 IMD국제경영개발연구원 디지털 경쟁력' 인구 2,000만 이상 국가 중 2위, '2020 블룸버그 디지털 전환 국가 순위' 1위 등의 결과물이다. 전 세계의 디지털 정부 전환을 우리나라가 선도하고 있음을 확실히 보여주었다.

디지털 산업은 황금알 낳는 거위가 될 것이다. 282조가 넘는 경제 효과를 창출할 수 있다. 비즈니스 전략 컨설팅 업체인 알파베타가 2021년에 발표한 보고서 '한국의 디지털 잠재력 실현'에서는, 우리나라가 디지털 전환을 활용했을 때 오는 2030년 창출할 경제적 가치는 2,360억 달러약 282조 3,740억 원로 추산했다.

디지털 대전환은 김대중 대통령의 '초고속 인터넷', 노무현 대통령의 '전자 정부', 문재인 대통령의 '데이터 댐'이라는 소중한 성과 위에 윤석열 정부가 새롭게 완성해 나가야 할 과제이다. 문재인 정부의 고군분투로 이제 우리나라는 명실 상부한 선진국으로 인정받고 있다.

우리의 인식과 별개로 세계의 평가는 그렇게 알려져 있다. 외부의 진단과 우리의 인식 사이의 괴리를 메우는 작업이 바로 혁신이다. 그리고 그 혁신의 수단은 디지털이다. 젊은 선진국 한국이 지금까지의 성과를 이어받아 국민들이 원하는 글로벌 표준국가로 업그레이드할 수 있을까? 답은 디지털 시대로의 전환에 있다.

다만 현 윤석열 정부에게 디지털 정부에 대한 정확한 인식이 있는지는 의구심이 든다. 사실 대선 공약을 내놓았을 때 이미 진행되고 있는 사업을 새로운 플랫폼 정부 공약인양 선보였을 때부터 어느 정도는 예상할 수는 있었다. 워낙 행보나 발언이 과거 유물을 가져오는 듯해서 심지어 타임머신 타고 과거에서 온 사람이 아니냐는 비판도 있었으니 말이다.

스타트업 업계에는 "백만 개의 하이테크High tech 사업 아이디어 중에 IPO주식공개상장까지 가는 것은 6개 정도이다."라는 말이 있다. 그만큼 스타트업은 리스크가 크다는 말인데, 정치도 그렇다. 과도한 리스크가 공통점이기는 하지만 그래도 서로 다른 점이라면 스타트업은 과정이 리스크지만, 정치는 결과물이 리스크라는 것이다. 그러므로 정치가 잘못된 선택을 하면 한 사회의 운명이 달라질 수밖에 없다.

우리나라는 1962년 경제개발계획 5개년 수립 이래 30년이 지나 중진국이 되었고, 1992년 한중 수교 이후 30년이 지나 선진국이 되었다. 산업화 30년, 민주화 30년을 통해 여기까지 왔다. 이제 새로운 30년을 위한 선진국 한국의 길을 다져야 한다. 그런 의미에서 디지털 대전환은 세계화 30년으로 가는 가장 중요한 정책 아젠다이다. 선진국 한국을 명실상부한 세계를 이끄는 글로벌 표준국가로 이끄는 것이다.

디지털은 우리 국민의 장점과도 연결되는 부분이 많다. 바로 '빨리빨리' 문화로, 빨리빨리 문화가 긍정적으로 발현이 되면 빠른 사고, 빠른 전환, 빠른 성과로 나타나는데, 이는 디지털 시대의 특징이다. 우리는 디지털 시대의 초대권을 이미 가지고 있으니 세계 어느 나라보다 빠르게 디지털 시대로의 대전환이 가능할 것이다. 우리가 디지털 대전환의 시대로 퀀텀점프 할 수 있다면 일본을 넘어 G7 국가로 우뚝 설 수 있을 것이다.

산업화 30년의 중진국, 민주화 30년의 선진국, 미래는 디지털 30년, 세계적 표준국가로 나아가야 한다. 추격국가에서 디지털 30년의 표준국가로의 시대를 이끄는 정당이 필요하며 민주당이 디지털 30년을 내다보는 '디지털 로드맵'Digital Road Map를 만들 수 있어야 한다. 그 길이 새로운 민주당의 길이며 디지털 대전환 시대를 맞이하는 새로운 정치의 뉴노멀이 될 것이다.

7

표준국가의 미래
- MZ세대에게 묻는다

행복은 성적순? 결국은 대학순!

교육은 백년지대계百年之大計라고 했다. 요즘처럼 이 말이 허망하게 들리는 시기가 있을까. 서울 서초구의 한 초등학교에서 교사가 스스로 목숨을 끊으면서 동료 교사들의 교권 회복 요구가 거리로 나왔다. 비단 서초구 교사만이 아니라 무너진 교권으로 인해 많은 교사들이 스스로 소중한 목숨을 끊었다는 것이 밝혀지고 있다. 또한 최근까지도 안타까운 소식이 들려오고 있다. 교단에 서 있어야 할 수많은 교사들이 거리로 나설 수밖에 없을 만큼 교권이 무너져 있다는 것을 새삼 통감할 수 있었다.

교권이 무너진 이유가 학생인권조례 때문이라고 여긴 이들은 조례 폐지를 요구하기도 했다. 정당한 생활 지도는 아동 학대로 보지 않고, 아동 학대 혐의로 신고됐다는 이유만으로 교원을 직위 해제할 수 없도록 하는 내용 등을 담은 이른바 '교권보호 4대 법안'이 9월 국회 본회의를 통과했다.

사실 학생 인권도 중요하고, 교사 인권도 중요하다. 인간은 누구나 존중받아 마땅한 존재이다. 그러나 학생 인권을 우

선으로 해서 교권이 상대적으로 짓밟힌 잘못된 결과도 있었
다고 본다.

그런데 과연 학생 인권과 교권을 보호한다고 해서 현재
벌어지고 있는 제반 교육의 문제가 해결될 수 있을까? 사실
근본 문제가 사라지지 않은 이상 또 다른 형태로 문제가 터
질 수밖에 없다.

현재 우리 교육의 가장 큰 문제는 1등 중심의 교육 철학
에 있다. 즉 대학의 서열화가 원인이다. 더 나아가 대학의 서
열화는 수입과도 연결이 된다. 교육이 철저히 자본주의에 복
무하는 것이다. 한국경제학회 학술지 〈경제학 연구〉 2023년
2호에 게재된 '대학 서열과 생애임금격차' 논문에 따르면 대
학 서열에 따라 최대 50%까지 임금 격차가 벌어진다는 연구
조사 결과가 나왔다. 해당 논문은 1998~2000년 대학 학과별
수능 점수 자료를 통해 143개 대학을 5개 그룹으로 분류했
다. 최상위 그룹인 A그룹은 서울대·연세대·고려대·서강대·
성균관대·이화여대 등 16개 대학 졸업자로, 이들은 40~44세
때 E그룹 졸업자들보다 50.5%의 임금을 더 받는 것으로 드
러났다.

이른바 최상위에 속하는 대학에 진학하기 위해 초등학교,
어쩌면 유치원 때부터 준비하며 최소한 12년 동안은 치열한
경쟁 속으로 아이들을 몰아붙이는 셈이다. 그 속에서 교권이
제 역할을 얼마나 할 수 있을 것인지 생각해볼 문제다.

교육 문제는 학생인권조례를 만들고 교권보호법을 만든

다고 해서 해결되지 않는다. 그것으로 할 일을 다 했다고 생각한다면 교육 구조의 변화 의지가 없는 것이다. 우리나라 교육은 서열화에 익숙하다.

앞서 언급한 북유럽의 얀테의 법칙에서 알 수 있듯이 그곳은 경쟁보다 공동체성을 생활 곳곳에서 습득하게 한다. 한 사람의 천재보다 더 많은 보통 사람들을 위하는 교육이다. 공교육이 제대로 의무 교육의 역할을 한다. 아이의 교육은 온전히 나라가 책임진다. 어떻게 하면 아이들을 책임지고 잘 가르칠 수 있을지에 대한 책무는 국가의 몫이기에 부모들은 사교육의 필요성을 느끼지 못한다. 평등성을 지향하는 사회 분위기이다 보니 교사나 학생 한쪽으로 편향되지 않는다. 가장 근본적으로는 교육이 서열화가 아니란 점이다. 대학은 교양이지, 소득과 상관이 없다.

우리는 어떠한가. 스포츠조차도 엘리트 중심이다. 국가대표라는 최상을 향해 경쟁한다. 윤석열 대통령의 생각처럼 킬러 문항을 없앤다고 교육이 개혁되는 것은 아니다. 정권이 바뀔 때마다 매번 잘못된 교육 인식이 있었지만, 윤석열 대통령의 우리 교육을 바라보는 안목이나 시야는 굉장히 낮다. 구조적인 문제보다 본질이 아닌 현상에 집중해서는 문제는 해결되지 않는다. 대통령이 교육 문제를 표피적으로 인식해서 부분만 바라보고 있는 것이나 다름없다. 많은 사람들이 새벽부터 대치동이나 목동으로 향할 수밖에 없는 구조이다.

우리나라 교육은 정확히 경제 사회 구조와 맞물려 있다.

교육을 개혁하려면 교육만이 아니라 제반 사회 구조에도 변화가 따를 수밖에 없다. 대기업이니 중소기업이니 정규직, 비정규직 등 임금 구조, 프리미엄 등 전반적인 면에서 칼을 대야 한다. 암에 걸렸는데 의사가 근본적인 것은 보지 않고 대증적 진단만 한다면 어떻게 되겠는가? 사교육만 잡는다고 문제가 해결될까? 이는 교육에 있어서 사실 근본적인 문제가 있다는 것을 알지만 회피하고 있는 것이다. 심각하게 말하자면 지금 우리나라의 교육은 계급 전쟁이나 다름없다. 교육이 소득과 직결 되는 구조이니 결과적으로 그렇지 않은가.

더 나아가 저출산의 문제도 교육 문제에서 벗어나지 않는다. 《카이스트 미래전략 2023》에서는 "그동안 시행된 인구 정책이 저출생의 근본 원인 해결보다는 단편적 문제 해소에만 급급했다고 지적하기도 한다. 보육 시설 부족과 여성의 경력 단절 문제, 치솟은 아파트 가격, 급증하는 사교육비, 취업과 주거 문제 등 과도한 경쟁에 몰린 청년들의 부담 같은 구조적 문제를 해결하지 못한 채 구색 맞추기 대책만 늘어놓았다는 것이다."라고 분석했다. 교육의 문제는 사회 전반에 뿌리 깊게 작용하고 있다. 학생 인권이나 교권 회복만으로 교육 문제를 해결할 수 없듯이 지원금만으로 저출산 문제를 해결할 수 없다.

앞서 언급했던 덴마크의 대부분 부모들은 정부와 사회가 아이들의 장래를 보호해줄 거라 믿는다. 경쟁하지 않는 학생들 역시 장래 사회적 위치에 상관없이 상대적 불이익을 당하지 않을 거라 믿는다. 청년들은 뜻하는 일을 도모하는 과정에 부조리한 걸림돌이 없을 거라 믿는다. 누구나 소소하지만 여유로운 황혼기를 보낼 수 있을 거라 믿는다. 그만큼 정부를 믿고 사회 공헌을 신뢰하고, 아이는 어른을 믿고 어른들은 아이들의 가능성을 믿는다. 이것이 사람들이 살아가는데 일반적이어야 하고 정상적인 모습인 것이다.

선진국의 아이들

요즘 세대 차이는 예전과 확연히 다르다는 것을 사회 전반에서 느낄 수 있다. 기성세대들은 젊은 세대와 동일한 시대에 살고 있지만 서로 태어난 환경이 다르다보니 세대 간의 인식 차이가 크게 다가온다.

세대 차이의 구분에 있어 우리나라의 민주화 이전과 이후 세대로 나누기도 한다. 또한 경제적인 토대로 보면 후진국이나 개발도상국 시기 태어난 기성세대와 2000년대 이후 선진국에서 태어난 젊은 세대들로 구분할 수 있다.

산업화의 수혜를 받고 성장한 기성세대와 현 MZ세대의 경제 환경의 격차가 너무나도 극명하다. 경제적 개발과 개발독재 특유의 강력한 민족주의, 전체주의 교육을 받고 성장하며 민주화를 경험한 '586'으로 대표되는 기성세대는 공동체주의와 민족적 집단주의 성향을 가지고 있는 반면, 세계적인 불황기에 태어나서 인터넷의 발달로 탈민족주의적 성향이 강한 2030 MZ세대는 개인주의, 시장주의의 성향을 띄고 있다. 이렇게 극명하게 대비되는 토대이니 정치적 성향은 물론 가치관에서도 차이가 날 수밖에 없다.

문제는 이런 세대 간의 차이가 극심한 인식의 차이로 인해 세대 간 불화로 나타나기도 한다는 점이다. 기성세대들의 경우 자신의 경험치를 토대로 기준치를 들이대지만 젊은 세대들은 이해하지 못한다. 개발도상국에서의 경험으로 형성된 인식과 선진국에서의 경험으로 형성된 인식은 다를 수밖에 없으니 말이다. 물적 토대가 다르고 사회적 제도가 다른 곳에서 태어난 세대들이란 점을 먼저 이해하지 않으면 인식의 차이는 좁혀지기 쉽지 않을 것이다.

"전 세계적으로 사회 변화가 빨라지면서 세대 간 갈등이 더욱 커지고 있다."는 런던비즈니스스쿨 교수 태미 에릭슨의 말처럼 사회 구조가 급격히 변한 것에 비해 문화가 따라주지 못해 세대 간의 문화 지체가 일어나는데 거기에서 갈등도 생기기 마련이다.

한참 유행처럼 번졌던 "라떼는 말이야"는 부모와 직장 상사로 대표되는 기성세대가 "내가 너만 했을 때는~"식으로 기성세대는 했던 일을 젊은 세대는 못한다는 비교를 제시할 때 사용하는 말처럼 되었다. 그런 기성세대에게 젊은 세대는 '꼰대'라는 말로 대응한다. 또한 새로운 것에 적응하지 못하는 기성세대들을 젊은 세대는 무시하기도 한다.

한국리서치가 2022년 2월 25일부터 28일에 진행한 여론조사에 따르면, 우리나라의 세대 갈등이 심각하다는 응답은 81%, 앞으로 우리 사회의 세대 갈등이 지금보다 심각해질 것이라는 응답이 43%, 지금과 비슷할 것이라는 응답이 43%를 차지했다. 이는 세대 갈등이 점점 더 심각해질 수도 있다는 의미이기도 하다.

세대 갈등을 서로의 차이로 인정한다고 해도 사회 문제로 발전할 경우 꽤 심각해질 수 있다. 특히 국민연금에 있어서 향후 어떤 식으로든 갈등의 요소를 안고 간다고 볼 수 있다. 국민연금의 재정이 점점 악화되고 있는 가운데, 인구 감소와 고령화, 경제 성장률의 하락 등으로 국민연금의 수입은 줄고 지출은 더 늘어날 것이다. 젊은 세대들의 자신들이 납부한 연금을 받지 못할 것이라는 인식이 강해지면 사회 구조나 정부 정책의 문제라 하더라도 비교 대상이 되는 기성세대에게 그 책임을 물으려 할 수 있다는 것이다.

세대 갈등은 옳고 그름으로 받아들여서는 안 된다. 물적 토대가 다른 환경에서 태어나 그 차이가 나타날 수밖에 없는 자연스러운 현상으로 받아들여야 한다. 기성세대나 젊은 세대 모두 자신의 입장만 고집할 것이 아니라 서로의 차이를 인정해야 문제가 더 심화되지 않을 것이다. 정부 차원에서도 지속적인 복지정책을 통해 세대 간의 갈등이 사회 문제로 격화되지 않게 노력해야 한다. 앞서 언급한 교육제도의 근본적인 개선으로 경쟁보다 협력의 사회가 되도록 해야 한다. 또한 세대 간 소통이 원활할 수 있는 창구도 필요하다.

세대 문제의 해결은 우리 사회의 국가 비전 모델을 앞으로 어떻게 가지고 갈 것인가의 문제와도 맞닿아 있다. 선진국형 표준국가 모델이어야 하는데 이전 기성세대들의 인식 바탕은 여전히 우리를 새우로 여기고 있다는 점이다. 우리나라는 제국의 관점을 가진 조정자 역할을 할 수 있어야한다. 미국이나 러시아나 일본에 당당하게 목소리 내는 자존감과 국가적 위상을 되돌아볼 필요가 있다.

당신들의 정치, 당신들의 K

젊은 세대들의 정치 참여를 '팬덤 정치'로 통칭하는 사회적 분위기다. 사실 팬덤 정치의 시작은 노무현을 사랑하는 사람들의 모임노사모에서부터다. 노사모는 2000년 총선에서 노무현 당시 국회의원 후보가 부산에서 출마했다 떨어지고 '바보 노무현'이라는 별명을 얻은 것을 계기로 결성되었다. 결국 노사모는 대선 승리의 견인차 역할을 했고 이후 정치 팬덤이 줄을 이었다.

팬덤fandom은 공통적인 관심사를 공유하는 사람들과 함께 공감과 우정의 감정을 특징으로 하는 팬들로 구성된 집단을 의미하는 단어로 일종의 문화다. 주로 유명 연예인이나 스포츠 스타를 좋아하는 사람들을 의미하는 개념이었는데, 정치로 영역이 넓혀지게 되었다. 팬덤 정치라는 단어가 입에 오르기 시작한 것은 2022년부터이다.

대통령 선거에서 더불어민주당이 패배하고 연이어 2022년 6월에 실시되는 8회 지방선거를 앞두고 지지율이 크게 하락했다. 당시 박지현 민주당 비대위원장이 민주당의 지지를 호소하면서 팬덤 정치를 쇄신하겠다고 말했던 것이 보도되면서 팬덤 정치란 말이 널리 퍼지게 됐다. 요즘 팬덤 정치의 양상을 보면 20여 년 전 노사모 활동과는 차이가 많다. 노무현 대통령 사후 자서전 《운명이다》에 노사모에 대한 언급을 살펴보면 그 활동이 어땠는지 단편적으로 알 수 있다.

"회원이 몇 천 명 수준으로 늘어나면서 노사모는 정말 큰 힘이 되었다. 거대 보수 언론과 싸울 때 이 사람들이 종횡무진 인터넷을 누비면서 사이버 여론을 만들어 나갔다."

"이 사람들은 욕하는 싸움에는 끼어들지 않았다. 매우 냉정한 태도로 차분하게 논쟁했다. 상대방이 아무리 욕을 해도 예의 바르게 대응했다."

"노무현을 버리라고 간곡하게 부탁했지만, 끝내 내 말을 듣지 않았다. 그들은 내 말에 따라 행동하지 않았다. 처음부터 끝까지 자기네가 옳다고 생각하는 대로 말하고 행동했다. 그것이 노사모였다."

몇 천 명의 회원이 사이버 여론을 만들어가는 것은 팬덤 정치라 할 수 있다. 상대방에게 예의 바르게 대응한 점은 자기들이 지지하는 정치인의 이미지까지 생각하는 모습으로 볼 수 있다. 지지하는 정치인이 곤란한 상황에 처해도 함께하는 모습 역시 팬덤으로 볼 수 있다. 하지만 지금의 팬덤 정치와는 많은 차이가 있다. 오히려 아이돌 팬덤에 더 가깝다고 할 정도로, 대체로 배타적이지도 공격적이지도 않았다.

요즘 팬덤 정치에 대해 많은 우려의 목소리가 있다. 대중 문화의 팬덤과 다르게 정치 행위들이 극단적이고 공격적이란 점 때문이다. 대다수 민심이나 비지지층, 중도층의 상식적인 의견이 무시되고 있는 점도 그렇다. 일종의 아전인수라고 볼 수 있는데, 내 정치인은 무엇을 해도 옳고 상대는 무엇을 해도 그르다는 시각이다. 개혁과 적폐, 절대선과 절대악으로 극단적으로 나누어 놓고 팬덤의 순수성을 잃어간다는 우려이다.

정치는 정치인만 하는 것이 아니다. 방식의 차이이지 누구나 정치에 참여할 수 있다. 다만 정치 참여에도 상식적인 선이 있다. 만일 내가 지지하는 정치인이 있다고 한다면 나의 활동이 그 정치인에게 마이너스가 되는 활동은 하지 말아야 한다. 물론 자신의 활동이 얼마나 배타적이고 공격적인지 인지한다면 그 선을 넘지는 않을 것이다.

사람이 사는 이치는 같다. 내가 싫으면 다른 사람들에게도 싫은 행동을 하지 말아야 한다. 내가 지지하는 정치인에게 해가 될 행동이라면 상대 정치인에게도 하지 말아야 한다. 그렇지 않으면 결과적으로 득이 되지 않는다. 진정한 지지자라고 할 수 없다. 팬덤 지지자들은 정치에 일상적으로 관여하고 정치를 변화시키고 싶어 한다. 하지만 이는 자신의 의지대로 따르지 않는 정치가는 반개혁적으로 몰아가기에 위험하다.

또한 극단적인 팬덤 정치는 일반 시민들이 정치로부터 멀어지게 하는 결과를 낳는다. 지지하는 정치인에 대한 극단적인 팬덤 정치는 일반 시민들이 그 행태에 질려 정치적 무관심이나 상대편의 지지로 선회할 수 있을 만큼 독이다. 실제로 그런 일이 많았다고 본다.

팬덤 정치를 두고 무작정 멈춰야한다고 하기보다 청년들의 정치를 위한 새로운 대안이 필요하다. 우리나라의 20~30대 젊은 세대는 경제적 어려움, 높아진 집값, 불안정한 취업시장 등 다양한 사회 문제에 직면하고 있다. 이러한 문제들을 해결하기 위해서라도 더욱 적극적인 정치 참여가 요구된다. 젊은 세대가 부족한 경험으로 정치적 판단을 잘못할 수 있다는 우려도 있지만 젊은 세대의 관점과 의견은 사회에 새로운 시각을 제시하며, 다양성을 더하는 데 큰 역할을 한다.

특히 우리나라의 정치가 오랫동안 보수와 진보의 대립 구조로 이루어져 왔던 만큼 젊은 세대의 등장은 변화의 기점으로 작용할 수 있다. 그들은 보수니 진보니 하는 것보다 실질적인 문제 해결을 위한 협력을 중시하며, 그들만의 새로운 가치관과 정치적 패러다임을 형성하고 있어 우리 정치에 활력을 가져올 수 있다.

바야흐로 이제는 시대적 정치 교체를 맞이해야 한다. 전통적인 정치 구조를 넘어서 새로운 비전을 제시하며, 변화를 이끌어내는 정치가 요구된다. 새로운 정치 구조에 젊은 세대의 참여는 필수불가결하다. 오롯이 이 정치교체의 변화를 이끌고 주도해갈 수 있는, '생각할 수 없는 것을 생각하는 축적된 정치적 역량'이 그 어느 때보다 필요한 이유다.

표준국가의 길

추격을 넘어 표준이 되자

초판 1쇄 발행 | 2024년 1월 5일

지은이 | 양대웅
펴낸이 | 이재호
책임편집 | 이필태

펴낸곳 | 리북(LeeBook)
등 록 | 1995년 12월 21일 제2014-000050호
주 소 | 경기도 파주시 회동길 50, 4층(문발동)
전 화 | 031-955-6435
팩 스 | 031-955-6437
홈페이지 | www.leebook.com

정 가 | 15,000원

ISBN | 978-89-97496-72-3